Die großen Religionen der Welt –

GÖTTER, MYTHEN UND LEGENDEN

Bisher erschienen:

Die Götter und Mythen Ägyptens
Die Götter und Mythen der alten Griechen
Die Götter und Mythen des antiken Rom

In Vorbereitung:

Die Götter und Mythen des alten Europas
Das Judentum und seine Legenden
Das Christentum und seine Legenden

Die Götter und Mythen des antiken Roms

Die Götter und Mythen des antiken Roms

STEWART PEROWNE

VERLEGT BEI

KAISER

Seite 1: Glaucus war ein Meergott, der das Schiff *Argo* baute und auf der Seite der Argonauten kämpfte.

Seite 2: Apollo fährt in seinem von vier Rossen gezogenen Wagen, der Quadriga, über den Himmel. Dieser Ausschnitt aus einem Mosaikfußboden stellt Apollo mit dem Strahlenkranz als den Sonnengott dar, der seine tägliche Bahn über den Himmel zieht.

Titel der englischen Originalausgabe: »Roman Mythology«
Erstausgabe 1969
Neu überarbeitete Ausgabe herausgegeben 1983 von Newnes Books,
eine Abteilung von The Hamlyn Publishing Group Limited,
Bridge House, 69 London Road, Twickenham, Middlesex TW1 3SB
und für sie verkauft von The Hamlyn Publishing Group Limited,
Rushden, Northants, England
Einzig berechtigte Übertragung aus dem Englischen von Rudolf Hermstein

ISBN 3-7042-3074-X

Einbandgestaltung: Volkmar Reiter
Druck: M. Theiss, Wolfsberg
Bindearbeit: Kaiser, Klagenfurt

Inhaltsverzeichnis

EINFÜHRUNG 6

URSPRÜNGE 8

DIE GÖTTER DER RÖMER 12
Die frühen Römer und ihre Religion 12
Jupiter und seine Gefährtinnen 15
Mars und Quirinus 17
Die übrigen Götter 18

RITEN UND KULTE 24
Cato 24
Die Iguvinischen Tafeln 27
Vesta und ihr Feuer 30
Lupercalia 30
Flamen Dialis 30

DIE STAATSRELIGION 35
Der römische Kalender 35
Die Festtage 36

DIE NEUEN GÖTTER 47
Herakles 47
Castor und Pollux 47
Die Etrusker 48
Die Auguren 48
Dei Consentes 49
Apollo und die Sibylle von Cumae 51
Neue religiöse Bräuche 53
Die Große Mutter 62

EPIKUREER UND STOIKER 72
Athenische Philosophie 72
Epikur 73
Zenon 74
Panaitios 76

SEHNSUCHT NACH UNSTERBLICHKEIT 78
Cicero 78
Pythagoras 80
Schatten aus der Unterwelt 84
Traditionalismus in der Religion . 84
Deifikation 86

ORONTES, NIL UND TIBER . . 88
Ägyptische Religion 88
Syrische Religion 98

MOSES UND MITHRAS 100
Einflüsse des Judaismus 100
Die Perser 103
Mithras 105

DIE EWIGE STADT 110
Augustus 110
Horaz 119
Vergil 122
Die Aeneis 124

CHRISTUS UND CAESAR . . . 128
Das Christentum 128
Christentum und Staat 128
Die göttlichen Kaiser 132
Die Reaktion auf die christliche Lehre 133
Verfolgung und Triumph 136

LITERATURHINWEIS 142

BILDNACHWEIS 143

REGISTER 143

Einführung

Rom und Religion sind untrennbare Begriffe, denn Rom ist seit nahezu zweitausend Jahren der Ausgangspunkt eines die ganze Welt umspannenden Glaubens. Dieser Glaube wurde von Osten aus dem jüdischen Palästina über den griechischen Orient nach Rom gebracht und faßte innerhalb einer Generation nach dem Tode seines Stifters in Italien Fuß. Als im Jahre 61 n. Chr. der Apostel Paulus, selbst Griechisch sprechender Jude, nach Italien kam, war die christliche Gemeinde in Rom bereits fest etabliert. Viele ihrer Mitglieder waren Juden, darunter auch Verwandte des Apostels, die meisten von ihnen jedoch bekehrte Heiden, wie wir aus dem Brief wissen, den Paulus ihnen einige Jahre zuvor aus Korinth geschrieben hat.

Die Ankunft des Apostels Paulus in Rom wird allgemein als der Beginn einer organisierten römischen Kirche und damit einer neuen Epoche angesehen. In gewisser Hinsicht trifft dies auch zu; aber im Zusammenhang mit diesem Ereignis erheben sich zwei Fragen. Die erste: Welchen Glauben hatten die bekehrten Heiden vor ihrer Bekehrung? Die zweite: Was fanden sie in dem unbekannten christlichen Glauben, dessen Ursprünge noch dazu im griechisch-semitischen Raum lagen, das ihnen die Religionen ihrer Väter nicht geben konnte?

Ziel dieses Buches ist es, diese beiden Fragen zu beantworten. Es wird einmal zu zeigen versuchen, welches die Ursprünge der römischen Religion waren und wie diese Religion sich mit dem römischen Staat entwickelte, dann, wie es kam, daß diese Religion die individuellen seelischen Bedürfnisse der Römer nicht befriedigen konnte, weiterhin, wie zwei geniale Männer, ein Kaiser und ein Dichter, aus der Geschichte Roms eine Religion machen wollten und damit beinahe Erfolg gehabt hätten, und schließlich, wie der Monotheismus sich durchsetzte, ursprünglich in heidnischer und später, nach einer Ära erbitterten Kampfes, in christlicher Form.

Wenn wir diese Entwicklung einer sorgfältigen Prüfung unterziehen, bemerken wir, daß unsere Sicht durch den Begriff des »Griechisch-Römischen« getrübt wird. In den drei Jahrhunderten vom Tode Alexanders bis zur Geburt des Augustus verschmolzen Literatur und Kunst — besonders auffällig die Architektur — der Griechen und Römer so eng miteinander,

daß es naheliegt, die so entstandene Synthese als eine einheitliche Erscheinung zu betrachten oder sogar im frühen Rom nichts anderes als das späte Griechenland zu sehen. Heute ist die römische Kunst als eigenständige Kulturerscheinung anerkannt. Die römische Religion darf denselben Grad von Selbständigkeit für sich beanspruchen. Tatsächlich waren Ursprung und frühe Entwicklung der römischen Religion anders als die der griechischen, und die Geschicke der beiden Völker verbanden sich erst auf einer höheren Kulturstufe.

Untersucht man Ursprung und Entwicklung der frühen Religion der Römer, lernt man das Wesen der heutigen römischen Religion besser verstehen.

Der zentrale Teil des Forums von Westen aus gesehen. Der Palatin befindet sich rechts im Bild.

Ursprünge

Die Römer traten in der Geschichte viel später auf als die Griechen. In der Jungsteinzeit kamen die Ligurer nach Italien und siedelten sich in den Küstengebieten um Genua an, die heute noch den Namen Ligurien tragen (die Römer nannten dieses Volk *Ligures*). Sie waren ein zähes, langköpfiges Volk und überlebten bis in geschichtliche Zeiten, ja, sogar bis in die Zeit des römischen Kaiserreichs. Irgendwann im Laufe des dritten Jahrtausends vor Christus stießen andere Eindringlinge nach Italien vor, und zwar von Norden, wie so viele spätere Angreifer; sie brachten die Bronze, ein völlig neues Element, mit. Die Bronzewaffen verliehen ihren Besitzern militärische Überlegenheit. Um sich diese zu bewahren, bauten die Neuankömmlinge planmäßig angelegte, leicht zu verteidigende Siedlungen mit trapezförmigem Grundriß, die auf Pfählen standen, eine Art Pfahlbau auf festem Land. Diese Siedlungen, die Vorläufer des römischen Kastells, werden *Terramaren* genannt. Die Träger dieser Terramare-Kulturen waren kulturell höher entwickelt als die Ligurer. Sie waren in geschlossenen Sippen organisiert. Ihre gesprochene Sprache stellte wahrscheinlich eine primitive Vorstufe des Lateinischen dar.

Um 900 v. Chr. wurden diese Bronzezeitmenschen von einer dritten Welle von Einwanderern verdrängt, die bereits Eisenwaffen besaßen. Ihre Kultur wird als Villanova-Kultur bezeichnet. Sie erhielt diesen Namen nach der kleinen Stadt Villanova bei Bologna, wo im Jahre 1853 der erste archäologische Nachweis für ihre Existenz erbracht wurde. Diese Kultur war relativ hoch entwickelt, kann aber nicht mit den alten Flußkulturen in den Tälern des Nil und Euphrat verglichen werden.

Über diese drei Bevölkerungsschichten, deren jede sich aus verschiedenen Elementen zusammensetzte und die nachfolgende Schicht zum Teil überdeckte, legte sich im 9. Jahrhundert noch eine vierte. Die Einwanderer kamen aus Kleinasien und werden nach ihrem Hauptsiedlungsgebiet Etrusker genannt. In jedem Jahr zeugen neue archäologische Funde von den hohen Fähigkeiten der Etrusker auf den Gebieten der Malerei, der Metallbearbeitung und der Bildhauerei sowie im Seehandel, daneben auch von ihrer Neigung zum Wohlleben. Über ihre Religion ist uns nur wenig bekannt, weil ihre Schrift noch nicht entziffert wurde. Sie legten besonders großen Wert auf Wahrsagerei und Totenverehrung, wie aus der Vielzahl kostbarer Grabbeigaben ersichtlich ist, die im Laufe der Zeit entdeckt wurden. Diese Grabbeigaben gehören heute zu den Prunkstücken der Museen in Rom, Palestrina, Tarquinia und anderen Städten.

An letzter Stelle in dieser Aufzählung der kulturellen Grundlagen Roms steht der Einfluß, der sich schließlich als der wirksamste von allen erweisen sollte: der Einfluß Griechenlands. Hierunter ist zunächst nicht das Mutterland Hellas zu verstehen, dessen Einwirkung sich erst später bemerkbar machte, sondern gemeint sind die griechischen Kolonien in Süditalien (einige kaum 160 Kilometer von Rom entfernt), die so zahlreich waren, daß das Gebiet »Magna Graecia«, Groß-Griechenland, genannt wurde. Die ältesten dieser Kolonien wurden im 8. Jahrhundert v. Chr. gegründet, aber die Verbindungen mit Griechenland gehen bis ins 13. Jahrhundert zurück.

Jetzt erst kommen wir zur eigentlichen Gründung Roms. Im Laufe des 8. Jahrhunderts entstand eine primitive Siedlung auf dem Palatin, und mit ihr beginnt die Geschichte Roms. Bei der Erörterung der römischen Religion müssen wir zuerst die etruskischen und griechischen Einflüsse ausklammern, wenn wir uns mit den ursprünglichen, angestammten italischen Glaubensvorstellungen und Bräuchen befassen wollen. »Wenn wir zum Beispiel auf einen Ritus stoßen, von dem Pausanias berichtet, daß er zu seiner Zeit (also im 2. Jahrhundert n. Chr.) noch prak-

Unten: Sarkophag eines etruskischen Adligen aus Tarquinia. Die Sprache, in der die Inschrift abgefaßt ist, wurde noch nicht entziffert. Auf dem Relief sind Kampfszenen dargestellt. Museo Nazionale Tarquinia.

tiziert wurde, können wir ziemlich sicher sein, daß es sich um einen griechischen Brauch handelt; finden wir dagegen bei Vergil oder Ovid (beides Dichter der augusteischen Epoche) die Beschreibung eines italischen Brauches, müssen wir die näheren Einzelheiten sehr sorgfältig prüfen, bevor wir sicher sein können, daß uns hier etwas über italische Sitten und Gebräuche mitgeteilt wird« (Herbert J. Rose, *Primitive Culture in Italy*).

Soweit es eine italische Kultur gab, war sie eine volle Epoche, wenn nicht sogar zwei, hinter der griechischen zurück. Als die Etrusker nach Italien kamen und die Schriftkunst mitbrachten, die sie offenbar von den Griechen übernommen hatten, waren die Dichtungen Homers bereits ein Jahrhundert alt; die Homerischen Gedichte ihrerseits berichten von vielen Taten, Städten und Geräten aus noch weit älterer Zeit. Die kretische Kultur war ein halbes Jahrtausend zuvor untergegangen, und ihr war die mykenische gefolgt. Die Burgen von Mykene und Tiryns, die Grabstätten und Paläste in Pylos, die Juwelen und Goldgefäße, die Waffen und der Schmuck in den Nationalmuseen von Athen und Heraklion auf Kreta versetzen auch den heutigen Betrachter noch in Erstaunen. All diese erhabene Pracht war das Erbe der klassischen griechischen Kultur, die sich zu einer Zeit entfaltet hatte, als die Römer, die zukünftigen Herren über Griechenland und die ganze bekannte Welt, genaugenommen noch unzivilisierte Wilde waren. Die Unzivilisiertheit brauchte nur für relativ kurze Zeit erhalten zu bleiben, um Spuren in der Religion der römischen Republik und des Römischen Reiches zu hinterlassen, und genau das war auch der Fall.

Oben: Etruskisches Flachrelief einer Graburne (Begräbnisurne), vermutlich aus Voltera, 150—100 v. Chr.
Sie stellt ein von Dienern begleitetes Paar auf den Weg in die Unterwelt dar.
British Museum, London.

Rechts: Pan. Diese sehr alte Gottheit stammt aus Arkadien. Hier spielt er die Syrinx oder Panflöte, wie Papageno in Mozarts Zauberflöte oder wie noch in unserer Zeit die Hirten in Arkadien.
Etruskische Bronze ca. 430 v. Chr.
British Museum, London.

Gegenüber: Relief auf der Rückseite eines Altars, das Romulus und Remus darstellt. Im untersten Feld werden die Zwillinge von der berühmten Wölfin gesäugt.
Die Römer liebten solche lebensvolle, erzählende »Comics«, die auch schon auf den heute noch in Rom stehenden Trajans- und Mark-Aurel-Säulen verwendet wurden.
Vatikanische Sammlungen, Rom.

Die Götter der Römer

Romulus hat der Sage nach Rom im Jahre 753 v. Chr. gegründet. Die Wahl des Ortes wurde mehr durch strategischen Zwang als durch die Schönheit der Gegend beeinflußt. Romulus und seine Sippe waren Latiner; sie lebten in Latium, dem Gebiet südlich und westlich des Tibertales. Die Lage Roms wurde von der Notwendigkeit bestimmt, ein leicht zu verteidigendes Bollwerk gegen den Druck der von Norden her vordringenden Etrusker zu errichten. Nur dort, wo die Hügel Roms, insbesondere der Palatin, sich am Ufer des Flusses erheben, etwa 30 Kilometer von der Mündung des Tiber landeinwärts, waren diese Bedingungen erfüllt; deshalb entstanden hier die ersten Siedlungen. Die anderen Hügel wurden bald darauf besiedelt, und die Senke außerhalb der kleinen Dörfer, damals ein Sumpf, wurde allgemeiner Versammlungs- und Marktplatz. Das lateinische Wort für »draußen« ist *foris,* und so erhielt dieser Platz den Namen Forum, den er heute noch trägt.

DIE FRÜHEN RÖMER UND IHRE RELIGION

Bei den ersten Römern unterhielt jede Sippe mehr oder weniger freundliche Beziehungen zu einigen anderen Sippen, aus deren Mitgliedern man auch die Frau wählte. Die Sippe war eine Familie, innerhalb derer Heirat als tabu, ja regelrecht als Inzest galt. Die Suche nach Ehefrauen liegt einem der frühesten und bekanntesten römischen Mythen, dem »Raub der Sabinerinnen«, zugrunde: die Sabinerinnen wurden mit List und Gewalt erbeutet, die friedlichen Beziehungen zu den Sabinern aber bald darauf wiederhergestellt. Die Geschichte ist reizvoll, aber der reale Hintergrund wirft ein bezeichnendes Licht auf die Stufe der sozialen Entwicklung, über die die ersten Römer noch nicht hinausgelangt waren.

Welche religiösen Vorstellungen hatten sie? Aus den Bestattungsformen der im letzten Kapitel beschriebenen Völker — und sie sind unsere einzige Informationsquelle — geht hervor, daß, gleichgültig, ob die Toten beerdigt oder verbrannt wurden, diese Menschen an das Weiterleben der Toten glaubten, entweder als körperliche Wesen in einer anderen Welt oder als Geister, die man besänftigen mußte, in dieser Welt. Daß die Gründer Roms diesen Glauben hatten, wissen wir mit Sicherheit; aber welche Götter verehrten sie?

Die römischen Götter unterschieden sich grundlegend von den griechischen. Die Griechen waren Polytheisten. Ihre Götter waren Individuen, Einzelwesen wie die Menschen; tatsächlich waren einige Götter, wie zum Beispiel Asklepios, der Gott der Heilkunst, zunächst sterblich. Andere, wie beispielsweise Herakles, waren halb Mensch und halb Gott.

Aber wenn wir sie uns vorstellen, haben wir voll entwickelte Persönlichkeiten vor Augen. Über Apollon wurden ganze Bücher geschrieben, so mannigfaltig und wunderbar waren sein Charakter und seine Eigenschaften. Wer einmal Delos oder Delphi einen Besuch abstattet, kann ohne Schwierigkeiten und mit großem Gewinn über die Gaben dieses Lichtgottes meditieren, des Herrn über allen Glanz des Gedankens und der Form. Bei römischen Göttern ist eine solche Art von Gottesdienst undenkbar. Ein Beispiel hierfür ist Vulkan (Volcanus), der Gott des Feuers. Feuer ist eine zerstörende Kraft, deshalb wurde Vulkan gewöhnlich außerhalb der Stadt verehrt. Sein Festtag war der 23. August, und der Priester warf kleine Fische in die Flammen, die als Verkörperungen

Unten links: Hercules tötet einen Kentauren. Die Kentauren waren Fabelwesen, halb Mensch, halb Pferd, und für ihre Wildheit bekannt. Aus einer Figurengruppe des Giovanni da Bologna (1524—1608) in Florenz.

Unten: Ein weiteres Standbild des Hercules aus Florenz, von Baccio Bandinelli (1488—1560). Er ist hier als Bezwinger von Cacus, Vulkans Sohn, dargestellt. Dieser lebte in einer Höhle auf dem Aventin, in die er das Vieh des Hercules gezerrt hatte, und zwar rückwärts, um falsche Spuren zu legen.

der Menschenleben galten, für deren Bewahrung sie geopfert wurden. Mehr wissen wir nicht über Vulkan. Um ihn rankt sich keine Mythologie; er ist nichts weiter als ein robuster, praktischer römischer Handwerker. Später wurde Vulkan, wie so viele andere römische Gottheiten, mit einem hellenischen Gegenstück, in seinem Fall mit Hephaistos, dem griechischen Gott des Schmiedehandwerks, gleichgesetzt; er tritt dann als Gatte der Venus auf und fertigt einen Schild für Aeneas; aber das ist eine völlig unrömische Hinzufügung.

Verglichen mit dem griechischen Pantheon, hatten die Römer nur wenige den griechischen »Hauptgöttern« vergleichbare Gottheiten. Es gab eine Triade von Hauptgöttern, Jupiter, Mars und Quirinus; Jupiter selbst war die beherrschende Figur einer weiteren Triade, mit den Göttinnen Juno und Minerva an seiner Seite. Auf diese letztere Triade konzentrierte sich die Götterverehrung der Römer. Ihr Sitz war das römische Kapitol. In den glorreichen Tagen Roms, als seine Vorherrschaft von zahllosen anderen Städten anerkannt wurde, war es der größte Ehrgeiz des jeweiligen Stadtbaumeisters, in seiner Stadt ein Kapitol ähnlich dem römischen zu errichten und darin die Statuen dieser drei Gottheiten, mit Jupiter auf einem Thron in der Mitte, aufzustellen.

Oben links: Teil des berühmten Apollo von Belvedere, der Marmorkopie eines griechischen Originals aus dem 4. Jahrhundert v. Chr., das dem Leochares zugeschrieben wird. Der junge Gott schaut dem Pfeil nach, den er soeben abgeschossen hat. Die Statue wurde Ende des 15. Jahrhunderts in Grottaferrata gefunden. Vatikanische Sammlungen, Rom.

Oben rechts: Jupiter war der Gott des Lichts und des Himmels, der nach und nach zum großen Beschützer der Stadt und des Staates wurde. Er symbolisierte die Tugenden der Gerechtigkeit, des Glaubens und der Ehre. Außerdem war Jupiter der Gott der Krieger, dessen Hilfe vor jedem militärischen Unternehmen angerufen wurde; nach jedem Feldzug wurde ihm ein Teil der Kriegsbeute geopfert.
Die *ludi romani,* die jährlichen Spiele, wurden zu seiner Ehre abgehalten.
Ein Fresko des thronenden Jupiter aus dem Haus der Vetii in Pompeji.

Links: Büste des Vulkan. Vulkan wurde dem griechischen Feuergott Hephaistos gleichgesetzt und hatte seinen eigenen Flamen; sein Fest, die »Volcanalia«, feierte man am 23. August. Rom, Vatikanische Museen.

Gegenüber, oben: Tarpeia wird auf dem nach ihr benannten tarpeischen Felsen auf dem Kapitol von den undankbaren Sabinern, an die sie Rom hatte verraten wollen, unter Schilden begraben. In späterer Zeit wurden Staatsverbrecher vom tarpeischen Felsen gestürzt. Ausschnitt aus einem Relief in der Basilica Aemilia auf dem Forum.

Gegenüber, unten: Juno Lucina, die Göttin der Geburt. In dieser römischen Maske sieht sie eher furchterregend als tröstlich aus; doch die römische Mythologie beruhte mehr auf Angst als auf Liebe. Magyar Nemzeti Muzeum, Budapest.

JUPITER UND SEINE GEFÄHRTINNEN

Zu der Zeit, als Rom eine Großmacht geworden war, hatte Jupiter sich dem griechischen Zeus angeglichen, und einiges von dessen Ruhm war auf ihn übergegangen; er war jedoch von recht bescheidener Herkunft. Wie die ersten Römer stammte er aus Latium. Sein heute nicht mehr erhaltenes Heiligtum befand sich auf dem heutigen Monte Cavo östlich vom Albaner See. Jupiter war der höchste Gott des latinischen Städtebundes, in dem 47 Städte zusammengeschlossen waren. Sie trafen sich in jedem Jahr östlich des Albaner Sees zu ihren Feierlichkeiten.

Auf dem Kapitol wurde Jupiter in verschiedenen Gestalten verehrt, von denen die des Siegesgottes Jupiter Feretrius mit die älteste war. Ihm soll Romulus seine Beute geweiht haben, nachdem er den Sabinerkönig Acron getötet hatte. Als Gott des Blitzes war er unter dem Namen Jupiter Elicius bekannt (von dem lateinischen Verb *elicere,* »hervorlocken«). Er war es, der die Blitze vom Himmel anzog und die Erlaubnis gab, sie herabfahren zu lassen. Später wurde Jupiter als Optimus Maximus verehrt, als der Beste und Größte, eine Bezeichnung, die bis in christliche Zeiten erhalten blieb und auf vielen Denkmalsinschriften, oft in der abgekürzten Form D. O. M., Deo Optimo Maximo, erscheint. Dieser Kult wurde vom Quirinal zur selben Zeit übernommen wie der Juno- und der Minervakult. Auf dem Forum gab es noch einen weiteren Tempel des Jupiter, der ebenfalls Romulus zugeschrieben wurde. Er war dem Jupiter Stator, dem »Fluchthemmer«, geweiht, weil er hier die Gebete des Romulus erhört, die vor den Sabinern flüchtenden Römer aufgehalten und ihnen den Sieg verliehen hatte.

Bevor wir die weitere Entwicklung Jupiters verfolgen — im Laufe der Zeit und besonders nach seiner Synthese mit Zeus nahm er an Größe immer mehr zu —, sollen zunächst seine beiden Gefährtinnen, Juno und Minerva, vorgestellt werden; außerdem wollen wir zu klären versuchen, wer Jupiter in seiner ursprünglichen Gestalt gewesen ist. Hier muß ein Grundzug der römischen Religion festgehalten werden: Sie war weder statisch noch dogmatisch. In diesem Punkt war sie von den heutigen monotheistischen Religionen,

dem Judentum, dem Christentum und dem Islam, völlig verschieden. Es gab keine Offenbarung, keine Gebote, keinen Glauben, die ein für allemal festgelegt worden wären. Glaube und Verehrung wandelten sich von Epoche zu Epoche, und im Laufe der Zeit wurde die Religion immer eklektischer.

Juno war ursprünglich die Göttin des Mondes, eine äußerst wichtige Gottheit in primitiven Gesellschaften, deren Agrarzyklus sich nach dem lunaren Kalender richtet. Sie wurde, wie schon erwähnt, anfänglich auf dem Quirinal verehrt; aber sie besaß auch andere Heiligtümer, von denen das der Juno Moneta, der »Warnenden«, für uns am interessantesten ist; sie erhielt diesen Beinamen, weil es ihre heiligen Gänse gewesen waren, die, als die Gallier im Jahre 390 v. Chr. Rom angriffen, die Römer warnten und damit die Stadt retteten. In ihrem Tempel auf dem Kapitol wurden auch, als eine Art Dankesopfer für die Hilfe der Juno bei dem Sieg über den epirotischen Eroberer Pyrrhus im Jahre 275 v. Chr., die römischen Münzen geprägt. Juno war die Beschützerin der Frauen im allgemeinen und der Wöchnerinnen im besonderen. Sie wurde später mit Hera gleichgesetzt, die nicht annähernd so sympathische Züge trug, aber als Gemahlin des Zeus mit ihm zusammen übernommen werden mußte.

Minerva, deren Kult die Römer bereits vor Beginn der Republik übernahmen, wurde später der Athene angeglichen und beherrschte als solche alle geistigen Tätigkeiten und kulturellen Einrichtungen, besonders aber die Schulen. Auf dem Esquilin stand ein Tempelchen der Minerva Medica, und Votivgaben aus einer nahegelegenen Ruine beweisen, daß dieser Kult noch zur Zeit des Römischen Reiches praktiziert wurde.

Wenden wir uns nun wieder Jupiter und seiner ursprünglichen Erscheinungsform zu. Man ist ziemlich verblüfft festzustellen, daß er im Anfang weder gott- noch menschenähnlich war; er war nichts als ein alter Stein, Jupiter Lapis. In dem bereits erwähnten Tempel des Jupiter Feretrius wurden alte Feuersteine aufbewahrt. Der heiligste Eid der Römer, ein Brauch, der bis in Ciceros Zeit erhalten blieb, bestand darin, daß der Schwörende die folgende Eidesformel sprach: »Wenn ich absichtlich die Unwahrheit sage, so soll mich Jupiter, ohne allen Nachteil für Stadt und Burg, fortschleudern, so wie ich diesen Stein fortschleudere.«

Dabei mußte er den Stein so weit als möglich fortwerfen. Beinahe noch erstaunlicher war die Zeremonie beim Abschluß von Bündnissen, denn dabei wurde im Namen des ganzen Staates geschworen. Einer der Fetialen, jenes aus zwanzig Mitgliedern bestehenden alten Priesterkollegiums, dem die Sorge für das Völkerrecht oblag, tötete ein Schwein mit einem Feuerstein aus diesem Heiligtum und sprach dazu: »Wenn das römische Volk zuerst von diesem Bündnis abfällt, nach gemeinsamem Beschluß und mit böser List, dann treffe du, Jupiter, das römische Volk, so wie ich heute dieses Schwein treffe, und triff es um so stärker, als du viel stärker bist und mächtiger.« Zweifellos war dieser Stein (beziehungsweise die Steine, denn für diese wichtige sakrale Handlung mußten Ersatzstücke vorhanden sein) älter als Jupiter. Dieser Brauch geht bis in die Jungsteinzeit, vielleicht sogar noch weiter zurück, und die Steine waren ohne Zweifel alte Messer oder Axtklingen aus Feuerstein. Als die mit Metallwaffen ausgerüsteten Menschen auf den Plan traten, brachten sie diese ehrwürdigen und ziemlich furchteinflößenden Feuersteine mit der höchsten Gottheit in Verbindung, die sie kannten, mit dem Gott des Lichtes, Jupiter, der unter anderem auch die Meineidigen strafte.

MARS UND QUIRINUS

Wenden wir uns dem zweiten aus der Triade der »Hauptgötter« zu, so finden wir ein ganz ähnliches Bild. Die Ursprünge des Mars sind unbekannt, weil wir auch ihn hauptsächlich als das römische Gegenstück zu einem griechischen Gott, dem Kriegsgott Ares, kennen. Mars war der römische Gott des Krieges, aber einige seiner Attribute hängen auch mit dem Ackerbau zusammen. Die ihm zu Ehren gefeierten Feste fielen größtenteils in den Monat, der noch heute seinen Namen trägt (Martius — März). Da es in der Antike sowohl im Krieg wie auch im Ackerbau eine »Winterpause« gab, ist seine Doppelrolle durchaus logisch. Auf dem Forum stand ein Haus, Regia

Rechts: Numa, der Rom von 762—716 v. Chr. regierte. Er war Sabiner. Nach der Überlieferung ist er der Gottkönig schlechthin und gilt als Stifter vieler römischer Kulte, zum Beispiel des Quirinus-Kultes. Büste aus dem Museum der Villa Albani, Rom.

Links: Mars und Rea Silvia, Tochter (oder Nachfahrin) von Aeneas und die Mutter von Romulus und Remus. Auf der rechten Seite Diana und Endymion. Ausschnitt aus einem Relief in den Vatikanischen Sammlungen.

Gegenüber, oben links: Der berühmte Ludovisische Mars oder Ares. Der Gott ist mit in die Ferne gerichtetem, fast träumerischem Blick dargestellt; der kleine Liebesgott zu seinen Füßen soll andeuten, daß er an Venus, oder Aphrodite, denkt. Museo Nazionale Romano, Rom.

Gegenüber, oben rechts: Eine Statue aus den Vatikanischen Sammlungen, die Mars in seiner Eigenschaft als Gott des Krieges zeigt.

genannt, das, wie der Name sagt, ursprünglich das Wohnhaus der Könige war. Darin wurden die Speere des Mars aufbewahrt, deren einen man für den Gott Mars selbst hielt.

Vergleichbares gilt für den dritten Gott dieser Triade, Quirinus. Er war ein Kriegsgott von sabinischer Herkunft und hatte seinen Sitz auf dem von Sabinern besiedelten Quirinal. Quirinus hat praktisch keine Geschichte oder Mythologie, wenn man von seiner Gleichsetzung mit dem zum Gott erhobenen Romulus absieht; aber es gab einen Ritus, bei dem die sogenannten Waffen des Quirinus von einem Priester des Portunus, des Gottes der Tore und Häfen, gesalbt wurden. Wir wissen nicht, warum das geschah, aber die Tatsache, daß man die Waffen salbte, deutet darauf hin, daß sie als lebendig angesehen wurden und daß man ihnen jene Qualitäten beilegte, die die Römer *numen* nannten, den Willen und die Macht eines Gottes.

DIE ÜBRIGEN GÖTTER

Soviel über die »Hauptgötter« Roms und ihre Gefährtinnen: Bei allen finden wir Spuren primitiver Kulte. Die ersten Römer »verbeugten sich vor Holz und Stein«. Wenn wir ein wenig tiefer in ihren Himmel hineinschauen, sind wir erstaunt über die Vielzahl ihrer Götter und über die Unkörperlichkeit einer großen Anzahl von ihnen. Häufig begegnet man leblosen Dingen oder Phantomen, wenig mehr als bloßen Namen in der Funktion eines Gottes. Auf dem Forum stand ein altes Tor, das keinem praktischen Zweck diente, denn es war nicht Teil einer Mauer. Es wurde *Janus* genannt. Janus war der Gott der Tore, nach dem der erste Monat des Jahres seinen Namen erhielt. Er war aber nicht nur der Gott des Tors, er war das Tor selbst; er war eins mit den Steinen, und von diesem Tor aus beherrschte er alle Tore, Türen und Gebäude Roms.

Ein anderer solcher Stein war Terminus, der Grenzgott. Terminus bezeichnete die Grenzlinien vom Grundbesitz eines Mannes und sorgte so für harmonische nachbarliche Beziehungen, ein lebenswichtiges Moment in einer Ackerbau treibenden Gesellschaft. Der Stein wurde feierlich gesalbt und mit Kränzen geschmückt, sodann in eine Grube gesenkt, die vorher mit dem Blut eines Opfertieres sowie mit Wein und anderen Opfergaben geweiht worden war. Alljährlich am 23. Februar (der nach dem alten Kalender als der letzte Tag des Jahres

Oben: Eine Statue des Jupiter aus dem Museo di Villa Albani, Rom, die den Gott mit einem seiner Blitze in der linken Hand darstellt.

Rechts: Juno, die erhabene Himmelskönigin und Gemahlin des Jupiter. Museo Archeologico Nazionale, Neapel.

Gegenüber: Minerva war die Göttin der Künste und des Handwerks. In der einen Hand hält sie die Eule, das Symbol der Weisheit. Musée du Louvre, Paris.

Unten: Janus, einer der ältesten römischen Götter. Er verhinderte, daß Rom nach dem Verrat der Tarpeia den Sabinern anheimfiel; deshalb mußte in Kriegszeiten sein Tempel offengelassen werden, damit er den Römern unverzüglich zu Hilfe eilen konnte. Nur wenn Rom im Frieden lebte, waren seine Tore geschlossen.

CONCORDIA

Gegenüber: Die Göttin Concordia, der auf dem Forum am Fuße des Kapitols ein Tempel geweiht war. Dieses Bild ist Teil eines Freskos von Ambrogio Lorenzetti, dem sienesischen Künstler, der 1348 starb. Es stellt *Die gute Regierung* dar und befindet sich im Rathaus von Siena.

Unten: Cloacina war die Schutzgöttin der Kloaken, deren größte, die Cloaca maxima, die Abwässer vom Forum und den umliegenden Stadtteilen aufnahm. Die Aufnahme zeigt einen der Seitenkanäle in der Nähe seiner Einmündung in den Tiber. Cloacina, die der Venus gleichgesetzt wurde, besaß auf dem Forum einen eigenen Tempel.

galt) kamen die Nachbarn zusammen, deren Grundstücke aneinandergrenzten, und opferten ein Schwein oder ein Lamm, brachten andere Opfer dar, bekränzten den Terminus und besprengten ihn mit dem Blut des Opfertieres. So wurde das *numen* für ein weiteres Jahr neu belebt, um das Eigentum vor allen Angreifern zu schützen.

Wenn wir uns den niederen Gottheiten zuwenden, stoßen wir auf eine sehr zahlreiche Versammlung. Es gab Götter und Göttinnen für jede erdenkliche Situation, Handlung und Notlage. Oft wußten die Menschen nicht, ob das *numen,* das sie anriefen, männlich oder weiblich war. Die Formel *si deus si dea,* »seist du Gott oder Göttin«, ist keineswegs selten. Diese Götter wurden noch bis zum Ende des Heidentums angerufen. Noch im 5. Jahrhundert fühlten christliche Schriftsteller sich gezwungen, sie zu schmähen, wie es zum Beispiel der heilige Augustinus in sehr geistvoller Weise getan hat. Einmal spricht er über das *numen* der oben erwähnten Juno Moneta und behauptet, als die Gallier angriffen, seien »die Gänse wach geblieben, während die Götter schliefen«. Es gebe, so meint er an anderer Stelle, einen Tempel der Concordia, der Göttin der Eintracht; wäre es nicht volkstümlicher gewesen, der Discordia einen Tempel zu weihen? Und warum gebe es in einem Staat, der seine Größe dem Krieg verdanke, keinen der Angriffslust geweihten Tempel? Um den Hauseingang zu bewachen, so bemerkt Augustinus, seien drei Gottheiten nötig gewesen, eine für die Schwelle, eine für die Tür selbst und eine für die Türangel, während doch schon ein einziger Pförtner, sofern er ein Mensch sei, diese

Oben: Cloaca maxima, der Hauptabwasserkanal des alten Roms, wurde angeblich im 6. Jahrhundert v. Chr. von Tarquinius Priscus eröffnet, aber vermutlich stammt nur die Eindämmung aus dieser Zeit. Das derzeitige Gewölbe ist nicht vor dem 2. Jahrhundert v. Chr. entstanden. (Siehe Bild und Text auf Seite 21.)

Gegenüber: Triton auf einer etruskischen Amphore in der Villa Giulia, Rom. Tritonen waren niedere Meeresgötter.

Aufgabe übernehmen könne. Ebenso waren drei *numina* nötig, um einen Baum, der sich auf ein Tempeldach verpflanzt hatte, auszureißen, fortzuschaffen und zu verbrennen.

Viele dieser *numina* waren wohltätig, wie zum Beispiel Spinensis, der dabei half, Dornen und anderes Gestrüpp von den Äckern zu entfernen, Stercutius, der für die Düngung sorgte, oder Cloacina, die sich um die Kloaken kümmerte. Andere dagegen waren weniger freundlich. Febris brachte Fieber (Malaria) und wurde von Tertiana und Quartana begleitet. Sie mußte besänftigt werden wie der gefürchtete Robigus, der Gott des Rostes und des Kornbrandes. Am 25. April wurde ihm ein Hund, wahrscheinlich ein roter, rostfarbener Hund, geopfert.

Wie die Menschen für jede Kleinigkeit einen Gott brauchten, so brauchten die Götter die Menschen, um bei Laune zu bleiben. Es gab eine spezielle Opferformel in Rom, *macte esto;* sie bedeutet »mögest du verherrlicht werden«, gemeint war verherrlicht im religiösen Sinne. Die römische Religion glich auf dieser Entwicklungsstufe dem römischen Recht: sie war ein Geschäft. »Ich gebe dir, damit du mir gibst«, sagten sie zu ihren Göttern, oder mit anderen Worten, »mein Wille geschehe auf Erden«. Die Maßnahmen, mit denen sie dies herbeizuführen suchten, seien im folgenden kurz untersucht.

Riten und Kulte

Bibelleser sind vertraut mit der Entwicklung Jahves vom primitiven Stammesgott zum erhabenen, allumfassenden göttlichen Geist der Propheten, dem Gott der Juden und Christen — es ist eine der erhabensten religiösen Ideen, die Menschen je ersonnen haben. Die römische Religion kennt keine vergleichbare Entwicklung. Die offizielle Religion Roms verwandte von Anfang bis Ende Überbleibsel aus der primitiven Vorzeit. Das ist einer der Gründe, weshalb, wie schon erwähnt, die Religion des einzelnen Römers immer eklektischer wurde.

Viele der Riten im Zusammenhang mit den römischen *numina* wurden außer Haus vollzogen, ähnlich wie heute noch religiöse Prozessionen zu den wichtigsten Manifestationen des katholischen Glaubens gehören. Solche Prozessionen lassen sich tatsächlich sehr weit in die Vergangenheit zurückverfolgen, bis in die Zeit, als es noch keine Tempel gab; denn erst als die Menschen nicht mehr im Freien oder in einem Zelt wohnten, sondern sich dauerhaftere Wohnungen schufen, kamen sie auf den Gedanken, daß man vielleicht auch dem Gott ein Haus errichten müsse, anstatt ihn draußen umherschweifen zu lassen oder ihm bestenfalls ein Tabernakel als Wohnstätte zuzugestehen. Einer dieser uralten Riten ist die sogenannte Lustration. Das Verb *lustrare* bedeutet »reinigen«, aber es hat auch die Nebenbedeutung »in einer Prozession gehen«, und daraus ergibt sich die Bedeutung »sich durch eine Prozession reinigen«.

CATO

Als Prototyp des harten, unbeugsamen römischen Republikaners wird oft der ältere Cato angesehen. Er ist auch der Schöpfer der lateinischen Prosa, der früheste lateinische Schriftsteller, von dem uns ein zusammenhängendes Werk überliefert ist. Seine Ansichten über Gott und die Menschen sind deshalb von besonderem Interesse. Er besaß große Güter, auf denen Sklaven arbeiteten. Er hielt sich jedoch kaum auf seinen Gütern auf, sondern widmete sich den Staatsgeschäften in Rom, wo er unermüdlich darauf drängte, daß Karthago zerstört werden müsse. (Er starb im Jahre 149 v. Chr.; drei Jahre später wurde Karthago dem Erdboden gleichgemacht). Er schrieb ein Büchlein über den Ackerbau, in dem er darlegte, wie man einen Bauernhof mit dem größten Gewinn bewirtschaften könne. Catos Ansichten kommen in

Der Vestatempel auf dem Forum. Dieses Bauwerk war rund, in Anlehnung an die Form der ersten primitiven Hütten der Latiner. Das Haus der Vestalinnen schloß unmittelbar an den Tempel an.

der folgenden Passage zum Ausdruck, die sich am Anfang dieses Büchleins befindet: »Verkaufe alte Ochsen, Kälber und Lämmer, Wolle, alte Geräte, alte und kränkliche Sklaven und was sonst noch überflüssig ist.«

Für Cato war die Religion eindeutig nur ein Vertrag mit den Göttern. Die Hausfrau, so verfügt er, solle zu Hause bleiben und nicht herumlaufen, die Nachbarn besuchen und mit ihnen schwatzen; erst recht brauchte sie nicht an religiösen Feierlichkeiten teilzunehmen — das besorge der Hausherr stellvertretend für die gesamte Familie. »Wenn das Gehöft vom Blitz getroffen wird, muß ein Sühnegebet gesprochen werden.« Ein krankes Rind soll durch das Fressen zerquetschten Lauches geheilt werden, wobei »das Rind selber und der Mann, der ihm das Mittel verabreicht, aufrecht stehen müssen. Er soll es nüchtern dem nüchternen Rind reichen«. Nun sind wir einigermaßen vorbereitet auf seine Anweisungen hinsichtlich der Lustration, dem weihevollen Umzug, der auch *ambarvalia* (»um die Äcker«) genannt wurde.

Zunächst muß der Gutsverwalter die *Suovetaurilia* vorbereiten, das heißt drei Opfertiere, ein Schwein, ein Lamm und einen Stier — *sus, ovis, taurus.* Sodann: »Den Acker soll man so reinigen: Befiehl, daß die Suovetaurilia herumgetrieben wird: ›Möge mit der Hilfe der Götter unser Werk von Erfolg gekrönt werden. Ich beauftrage dich, Manius, dafür zu sorgen, daß diese Suovetaurilia mein Gut, meinen Acker und mein Land reinigt, wo auch immer sie nach deinem Ermessen herumgeführt werden soll.‹ Wende dich zuerst an Janus und Jupiter mit einem Trankopfer und sprich: ›Vater Mars, dich bitte und ersuche ich: Sei willig und gütig mir, meinem Haus und unserer Hausgenossenschaft, weshalb ich befohlen habe, um meinen Acker, mein Land und mein Gut eine Suovetaurilia herumzutreiben, damit du Krankheiten, sichtbare und unsichtbare, Unfruchtbarkeit und Verheerung, Schaden und böse Witterung fernhältst, abwehrst und abwendest und damit du Feldfrüchte, Korn, Weinberg und Baumgarten gedeihen läßt, Hirten und Herden gesund erhältst und mir, meinem Haus und unserer Hausgenossenschaft Heil und Gesundheit schenkst. Um dieser Dinge willen, um der Reinigung meines Gutes, meines Landes, meines Ackers und um der Abhaltung der Sühnefeier willen, wie ich es gesagt habe: Sei durch die Opferung dieses meines saugenden Ferkels, Lammes, Kalbes hier verherrlicht (*macte esto*).‹« Auch Kuchen müssen geopfert werden; und falls eines der Opfertiere keine günstigen Omen zeigt, muß es durch ein anderes ersetzt werden.

All dies will uns weit entfernt von dem scheinen, was wir unter Religion verstehen, und das ist es auch; es ist Magie, mit der die Götter versöhnt und günstig gestimmt werden sollen. Die *Suovetaurilia* wurde bis in die Kaiserzeit praktiziert; und es gibt eine berühmte Darstellung dieses Ritus aus der Zeit Trajans, die ursprünglich wahrscheinlich ein Teil der Rostra der Kurie, dem Versammlungshaus des Senats, auf dem Forum war. Die Ambarvalien haben sich bis in unsere Zeit erhalten. In der Stadt Loreto Aprutino in den Abruzzen wird am Pfingstmontag ein schöner weißer Ochse, den jeweils ein Bürger der Stadt opfert, mit Feuerwerk und Musik durch die Stadt geführt, wobei ein kleiner Junge auf ihm reitet. Bis zum Jahre 1949 wurde der Ochse auch in die Kirche geführt, wo er vor dem lokalen Schutzpatron San Zopito in die Knie gehen mußte. Das Fest dauerte drei Tage, während derer der Ochse jedem Haus einen Besuch abstattet und Geld sammelt, wofür er als Gegenleistung seine eigenen Opfergaben für Stercutius fallen läßt, aus deren Umfang Rückschlüsse auf die zu erwartende Ernte gezogen werden. Schließlich begibt sich der Ochse nebst seinen Begleitern zu dem Haus eines einheimischen Adligen, wo alle willkommen geheißen werden und ihnen zu Ehren ein Fest gefeiert wird.

Suovetaurilia, ein uralter römischer Opferbrauch, der bis in die Kaiserzeit erhalten blieb. Auf diesem Relief ist ein Kaiser bei der Darbietung dieses Opfers dargestellt. Die Opfertiere waren ein Schwein (sus), ein Lamm (bos) und ein Stier (taurus), daher der Name. Musée du Louvre, Paris.

Das Bild *(gegenüber, links)*, das uns freundlicherweise vom Bürgermeister von Loreto zur Verfügung gestellt wurde, zeigt eine vor kurzem erfolgte Nachstellung dieser Zeremonie. Beachten Sie den Dudelsackpfeifer.

DIE IGUVINISCHEN TAFELN

Wir müssen uns jetzt einem Kulturdokument zuwenden, das nach Meinung hervorragender Fachleute »für das Studium der italischen Religion wichtiger ist als alle anderen Dokumente« (*Oxford Classical Dictionary*), nämlich den berühmten Iguvinischen Tafeln. Im Jahre 1440 wurden in Gubbio, dem antiken Iguvium in Umbrien, sieben Bronzetafeln aufgefunden; sie waren auf beiden Seiten mit eingravierten, teils lateinischen, teils umbrischen Buchstaben bedeckt, die Texte selbst zeigten durchweg den umbrischen Dialekt. Die älteste der Tafeln wurde im Jahre 400 v. Chr., die jüngste 90 v. Chr. geschrieben. Der Text enthält liturgische Anweisungen einer Bruderschaft von Priestern für eine Lustration in Iguvium, für eine Versammlung des *populus* von Iguvium, das abschließende Opfer des Lustrums zugunsten der Bruderschaft, die freiwillige Opferung eines Hundes an eine Unterweltgottheit mit Namen *hontus* sowie Anweisungen für Opfer, die dem Jupiter und einer Vielzahl weiterer Götter der Ober- und Unterwelt mit fremdländisch klingenden Namen dargebracht werden sollen.

Im Zusammenhang mit dem Ritual selbst weist Rose auf drei für die Untersuchung der Verbindungslinien zwischen Religion und Magie wesentliche Momente hin. Erstens: Keine Fremden dürfen dem Ritus beiwohnen. Dieser Bann wird nicht verhängt, um zu verhindern, daß Fremde in Erfahrung bringen, was vorgeht, sondern weil die Anwesenheit eines Fremden sich ungünstig auf den Familienzauber auswirken würde.

Zweitens: Niemand, nicht einmal die Bürger der Stadt selbst, durften die rituellen Worte hören. Auch das ist ein bei magischen Handlungen übliches Verfahren. Es war in der Antike genauso wie heute allgemein Brauch, daß gemeinsame Gebete hörbar vorgetragen wurden; aber manche Bittgebete waren zu »stark«, zu sehr mit Kraft erfüllt, als daß man sie hätte laut aussprechen dürfen. Auch heute noch werden bestimmte Teile der katholischen Messe entweder lautlos oder mit so leiser Stimme gelesen, daß die Gemeinde sie nicht vernehmen kann.

Drittens: Der Wortlaut des Rituals muß peinlich genau eingehalten werden. Wenn eine Unterbrechung stattfindet oder der geringste Fehler unterläuft, muß wieder von vorne angefangen werden. Das wurde in Rom allgemein so gehalten, aber es war nicht nur unangenehm, sondern auch kostspielig, wenn alle Opfergaben noch ein zweites Mal beschafft werden mußten, wie es einmal bei den *feriae Latinae*, dem Fest des Latinischen Bundes, geschah. Der Zelebrant aus der kleinen Stadt Lanuvium versprach sich bei der Bezeichnung des römischen Volkes. Lanuvium mußte zahlen, aber Rom bekam den Zorn der Götter zu spüren, denn einen der Konsuln traf auf dem Heimweg von diesem Ritual der Schlag, dem er bald darauf erlag.

Die Iguvier waren schlauer: sie beugten solchen Unglücksfällen vor; ein Teil ihrer Zeremonie bestand darin, Jupiter Grabovius drei gemästete Ochsen zu opfern. In dem Gebet, das dem Opfer vorangeht, wird der Gott folgendermaßen angerufen: »Jupiter Grabovius, wenn bei dem dir bestimmten Opfer irgendein Fehler begangen oder irgend etwas Unrechtes getan wurde, wenn irgend etwas versäumt worden, irgendein Betrug oder eine Beleidigung vorgekommen ist, sei es nun bemerkt worden oder nicht, so möchten wir, Jupiter Grabovius, wenn es recht ist, das zu tun, mit diesem Opfer eines gemästeten Ochsen dafür sühnen.«

Aus der Betonung des heiligen Charakters der entweder leise oder vernehmlich gesprochenen rituellen Worte ergab sich auch, daß während des Rituals keine störenden Geräusche auftreten oder Worte mit schlimmer Vorbedeutung zu hören sein durften. Um jeden störenden Laut zu übertönen, wurden deshalb bei größeren Zeremonien wie etwa den Triumphzügen

Musik- und Schlaginstrumente eingesetzt. Die Feuerwerkskörper und die Dudelsackspieler von Loreto — oder auf Malta und Goro — gehen auf solcherart uraltes Brauchtum zurück.

Noch zwei weitere Erscheinungen aus dem Gebiet der religiösen Magie der Römer verdienen hier erwähnt zu werden. Die eine ist die Zauberei mit Hilfe der *carmina.* Das lateinische Wort *carmen* hatte ursprünglich nur die Bedeutung »Lied« und wurde in diesem Sinne allgemein verwendet. Horaz nennt seine Oden *carmina.* Aber das Wort hatte auch eine unheilvollere Bedeutung. Der erste römische Rechtskodex, das Zwölftafelgesetz aus der Mitte des 5. Jahrhunderts v. Chr., verbot es, *carmina* gegen jemanden zu singen. Das kam keinem Verbot gleich, freche Lieder auf jemanden vorzutragen — das wurde im Gegenteil von großen Männern, wie beispielsweise triumphierenden Feldherren, sogar gefördert, um den Neid der Rachegeister abzuwenden. Es handelt sich vielmehr um ein Verbot, jemanden zu verzaubern. Vergil verwendete das Wort in diesem Sinne. Mit Hilfe von *carmina* verwandelte Circe die Gefährten des Odysseus in Schweine; Dido kannte eine Priesterin, die Liebeskummer durch *carmina* zu heilen verstand. Solche Zaubergesänge konnten, wie uns Vergil berichtet, auch dazu verwendet werden, die Ernteerträge eines

Gegenüber, links: Vestalin, eine Statue, die im Haus der Vestalinnen gefunden wurde. Die Kleidung und das Aussehen der Gestalt erinnern an eine Nonne, deren römische Entsprechung die Vestalinnen in mancher Hinsicht waren. Museo Nazionale Romano, Rom.

Gegenüber, rechts: Vestalin, Bronzestatue aus der Nähe von Capua. Die Gestalt hält ein Horn, das den *penus* (die Vorratskammer) versinnbildlicht, der jedes Jahr beim Fest der Vesta im Juni neu gefüllt wurde. Musée du Louvre, Paris.

Unten: Sechs Vestalinnen, die zu ihrer Göttin hinblicken; die Figur der Göttin ist nicht erhalten. Das Gefäß mit den Früchten und die Statuetten von Stier und Lamm symbolisieren die Gaben der Erde. Palermo, Museo Nazionale.

Bauern auf Kosten seines Nachbarn zu steigern; auch das wurde durch das Zwölftafelgesetz verboten.

VESTA UND IHR FEUER

Abschließend wollen wir uns noch mit einem römischen Kult beschäftigen, der für die gesamte römische Geschichte von großer Bedeutung bleiben sollte: der Verehrung der Vesta und der Bewachung ihres heiligen Feuers durch die Vestalischen Jungfrauen oder Vestalinnen. Diese wurden mit der größten Hochachtung behandelt und genossen zahlreiche Vorrechte. Wenn ihre Keuschheit verletzt wurde, mußten sie eines furchtbaren Todes sterben: sie wurden lebendig begraben — im Grunde ein Gottesurteil, denn Vesta konnte immer eingreifen, um eine Unschuldige zu retten. Die Bedeutung der Vestalinnen wird aus dem folgenden ersichtlich: Die primitive Religion der Römer war eine Familienangelegenheit, deren Überwachung dem Familienoberhaupt oblag, ihre Erscheinungsformen hingen alle mit dem Wohlergehen der Familie und mit persönlichen materiellen Vorteilen zusammen (nur ganz vereinzelt sind moralische oder ethische Untertöne zu vernehmen).

Der Aufenthaltsort der römischen Familie aber ist das Haus, dessen Mittelpunkt der Herd bildet (*focus,* das lateinische Wort für »Mittelpunkt«, »Brennpunkt«, bedeutet ursprünglich »Feuerstelle«). Die Sorge um den Herd wurde immer den jüngeren, unverheirateten Töchtern übertragen, denn der Paterfamilias war in Geschäften außer Haus und die Materfamilias in der Küche oder am Webstuhl tätig. Deshalb wurde das *numen* des Herdes allgemein als weiblich angesehen. In der Nähe des Herdes befand sich in der Regel ein Schrank, der sogenannte *penus,* in dem die Lebensmittelvorräte aufbewahrt waren. Seine Schutzgeister wurden Penaten genannt. Eine ähnliche Funktion hatten die Laren, die auch für Straßenkreuzungen zuständig waren. Einer recht merkwürdigen Sage zufolge soll einer von ihnen einst zwischen den Herdkohlen die Gestalt eines Phallus angenommen, eine Sklavin der Königin Tanaquil, der Gemahlin des Königs Tarquinius, begattet haben und so der Vater des Königs Servius Tullius geworden sein. Der Kern dieser Sage ist die darin zum Ausdruck kommende Anerkennung der göttlichen Macht des Feuers.

Wie diese Geschichte bezeugt, war natürlich der Herd des Königs von größerer Bedeutung als der aller anderen Leute, und deshalb wurden auch seine Töchter als bedeutendere Hüterinnen des Herdes angesehen als die Töchter anderer Leute. Als man das Königtum abschaffte, wurde Vesta weiterhin verehrt; da es keine Königstöchter mehr gab, die ihr hätten dienen können, rief man das Kolleg der Vestalinnen ins Leben. Ursprünglich zwei, dann vier und in historischen Zeiten sechs Jungfrauen dienten in einem Tempel der Vesta, der dicht neben der Regia, dem Königshaus, auf dem Forum stand. Gleich daneben stand das Haus der Vestalinnen selbst. Die Grundmauern dieser drei Gebäude sind noch heute zu sehen, ein Teil des Tempels ist restauriert worden (der Tempel ist rund, in Anlehnung an die Form der primitiven Hütten der Latiner).

Die Vestalinnen stammten aus angesehenen Familien. Sie konnten ihren Dienst mit sieben Jahren beginnen und nach dreißig Jahren in den Ruhestand treten und sich sogar verheiraten, was aber nur wenige von ihnen taten. Die Vestalinnen waren unmittelbar dem Pontifex maximus unterstellt. Das Alter dieses Kultes mag man daran ablesen, daß das heilige Tier der Vesta der Esel war, das Tier des Mittelmeergebietes schlechthin. Das Fest der Vesta wurde Mitte Juni begangen, aus Anlaß der alljährlichen Reinigung des Tempels; das dabei verwendete Wasser durfte nicht aus den öffentlichen Aquädukten entnommen, sondern mußte aus einem heiligen Brunnen geschöpft werden.

Genaugenommen war der heilige Herd der Vesta kein Tempel, da er nicht von den Auguren geweiht war. Wenn das Feuer ausging — was ein schlimmes Vorzeichen für den Staat bedeutete —, mußten die Vestalinnen, nachdem die Schuldige vom Pontifex maximus ausgepeitscht worden war, es wieder anzünden, indem sie das Holz eines fruchttragenden Baumes so lange mit einem Bohrer rieben, bis sich eine Flamme entwickelte — ein weiteres Anzeichen für das hohe Alter des Kultes.

Eine der höchsten Göttinnen des römischen Kultes wurde so auf eine Art verehrt, die geradewegs zu den primitiven Hütten der Urahnen und ihrer Magie zurückführt.

LUPERCALIA

Es gibt eine große Zahl solcher zu einer primitiven Kulturstufe gehörender Zeremonien. Eine sei noch erwähnt, weil Shakespeare sie dramatisch höchst wirksam in seinen *Julius Caesar* eingebaut hat — die Luperkalien. Diese sehr komplizierte Zeremonie hat sich offensichtlich über einen langen Zeitraum hinweg entwickelt. Ursprünglich waren die Luperkalien ein Ritual zur Abwehr der Wölfe (lateinisch *lupi*), die die Schafherden bedrohten, selbst wenn diese, wie Vergil einmal erwähnt, eingepfercht waren.

Der 15. Februar war der Tag, an dem der Ritus zelebriert wurde. Zwei junge Männer, wahrscheinlich aus vornehmen Familien, entkleideten sich bis auf eine Umgürtung aus Ziegenfell und liefen, Riemen aus Ziegenleder in der Hand, rings um die primitive Siedlung auf dem Palatin, um sie so vor bösen Geistern und anderen Feinden zu schützen (dieser Brauch hat Ähnlichkeit mit den Ambarvalien). Ziegenleder verwandte man, da der Ziegenbock als das aggressivste, potenteste und zäheste der kleineren Haustiere einen stärkeren Zauber gegen den Wolf darstellte als etwa das Schaf. Auf ihrem Lauf um die Siedlung versetzten die jungen Athleten — die übrigens auch ihrerseits recht zäh gewesen sein müssen, um nackt den Unbilden eines Februartags in Rom zu trotzen — jeder Frau, der sie begegneten, einen leichten Schlag mit den Riemen aus Ziegenleder, wodurch sie ihr eine Dosis dieser doppelt starken maskulinen Medizin verabreichten. So entstand der Glaube, daß »die unfruchtbaren Frauen, die bei dieser heiligen Jagd berührt werden, den Fluch der Unfruchtbarkeit von sich abschütteln«.

FLAMEN DIALIS

Nicht nur die Rituale zeigen Formen einer primitiven Kultur; sie äußern sich auch in den Tabus, von denen die Priester umgeben waren. Als Beispiel für alle mag uns der (abgesehen vom Pontifex maximus) höchste Priester dienen, der Flamen Dialis, Priester des Jupiter. Durch eine glückliche Fügung ist uns ein Werk mit dem Titel *Attische Nächte* erhalten geblieben, das um die Mitte des 2. Jahrhunderts n. Chr. von

Lars familiaris oder Schutzgeist der Familie. Die Laren waren vermutlich ursprünglich die Geister der Vorfahren. Sie wurden regelmäßig verehrt, und ihnen war ein eigener Tempel in der Nähe der Stelle gewidmet, an der sich heute der Titusbogen befindet. British Museum, London.

Rechts: Giebelrelief eines Grabmals mit der Darstellung des Gottes Summanus. Er war der Gott, der die nächtlichen Gewitter schickte. In seiner Hand hält er mehrere Blitze.

einem gewissen Aulus Gellius verfaßt wurde. Es berichtet über Tischgespräche an der Hochschule von Athen und enthält viele interessante Einzelheiten. Das fünfzehnte Kapitel des zehnten Bandes dieses Werkes ist der Beschreibung der zahlreichen Regeln und Vorschriften gewidmet, die für den Flamen Dialis noch zu dieser Zeit verbindlich waren. »Dem Priester des Jupiter ist es verboten, auf einem Pferd zu reiten oder einer Heeresparade außerhalb der Stadtgrenze zuzuschauen; deshalb wird er sehr selten zum Konsul gewählt, weil die Konsuln im Krieg das Kommando führen mußten.«

»Sie *mußten* das Kommando führen« — heißt es bei Gellius bereits, denn zu seiner Zeit hatte stets der Kaiser den Oberbefehl über das Heer; trotzdem blieb diese alte Beschränkung bestehen. Der Flamen durfte nicht schwören. Er durfte keinen Ring tragen, nur wenn er durchlöchert war und keinen Stein hatte. Aus seinem Haus durfte kein Feuer getragen werden, außer für rituelle Zwecke. Wenn ein gefesselter Bittsteller sein Haus betrat, mußten die Fesseln gelöst, aufs Dach hinaufgezogen und von dort auf die Straße hinabgelassen werden (möglicherweise um eine abermalige Entweihung der Haustür zu verhindern). Er durfte keinen Knoten in seiner Kopfbedeckung, seinem Gürtel oder irgendeinem anderen Bestandteil seiner Kleidung haben, die im übrigen gewollt unbequem gewesen sein muß. In seine Kopfbedeckung war ein Ölzweig verarbeitet, was man an den Skulpturen der *Ara Pacis* sehen kann. Sein Friseur mußte ein freier Mann sein und eine Bronzeschere benutzen — keine der modernen Eisenscheren —, und seine abgeschnittenen Haare und Fingernägel mußten unter einem fruchtbaren Baum vergraben werden. Er durfte eine Ziege, rohes Fleisch, Efeu oder Bohnen nicht berühren oder auch nur erwähnen und nicht unter einer Weinlaube gehen. Er durfte nur ungesäuertes Brot essen. »Für ihn ist jeder Tag ein heiliger Tag.«

Das Fußende seines Bettes mußte leicht mit Lehm beschmiert sein, er durfte nicht drei Nächte hintereinander in einem fremden Bett schlafen, und in seinem wiederum durfte niemand anderer übernachten. Am Fuße seines Bettes mußte eine Schachtel mit geweihtem Kuchen stehen. Er durfte nicht ohne Kopfbedeckung außer Haus gehen, durfte sie aber, wie Gellius berichtet, damals wenigstens im Haus abnehmen — ein Zugeständnis an die menschliche Schwäche. Seine Unterkleider mußte er stets im Haus wechseln, weil er nicht nackt im Freien,

Ganz oben rechts: Die Getreideversorgung Roms wurde von Augustus der kaiserlichen Aufsicht unterstellt, daher die Bezeichnung »Annona Augusti«. Diese unter der Herrschaft des Titus (79—81 n. Chr.) geprägte Münze zeigt die Annona personifiziert als wohltätige Göttin mit einem Füllhorn und einer Waage als Zeichen der gerechten Verteilung des Getreides. Der Schiffsbug und der Korb mit Lotosblumen deuten darauf hin, daß Ägypten Roms wichtigster Getreidelieferant war.

Mitte, rechts: Felicitas, eine Glücksgöttin, wurde im 2. Jahrhundert v. Chr. von L. Licinius Lucullus eingeführt, der ihr einen Tempel im Velabrum geweiht hatte. Diese Kupfermünze stammt aus der Regierungszeit des Antonius Pius (138—161 n. Chr.). Die Buchstaben S. C. besagen, daß die Münzen »Senatus Consulto« geprägt worden waren; für die Ausgabe von Kupfermünzen war der Senat zuständig.

Rechts: Darstellung eines von Frauen als Teil der häuslichen Riten dargebrachten Opfers auf einem Fresko im Haus des Augustus auf dem Palatin.

Dankopfer an verschiedene Gottheiten für die Heilung von Krankheiten, von denen die dargestellten Körperteile befallen waren. Dieser Brauch hat sich bis heute in den römisch-katholischen und orthodoxen Ländern des Mittelmeerraumes erhalten. British Museum, London.

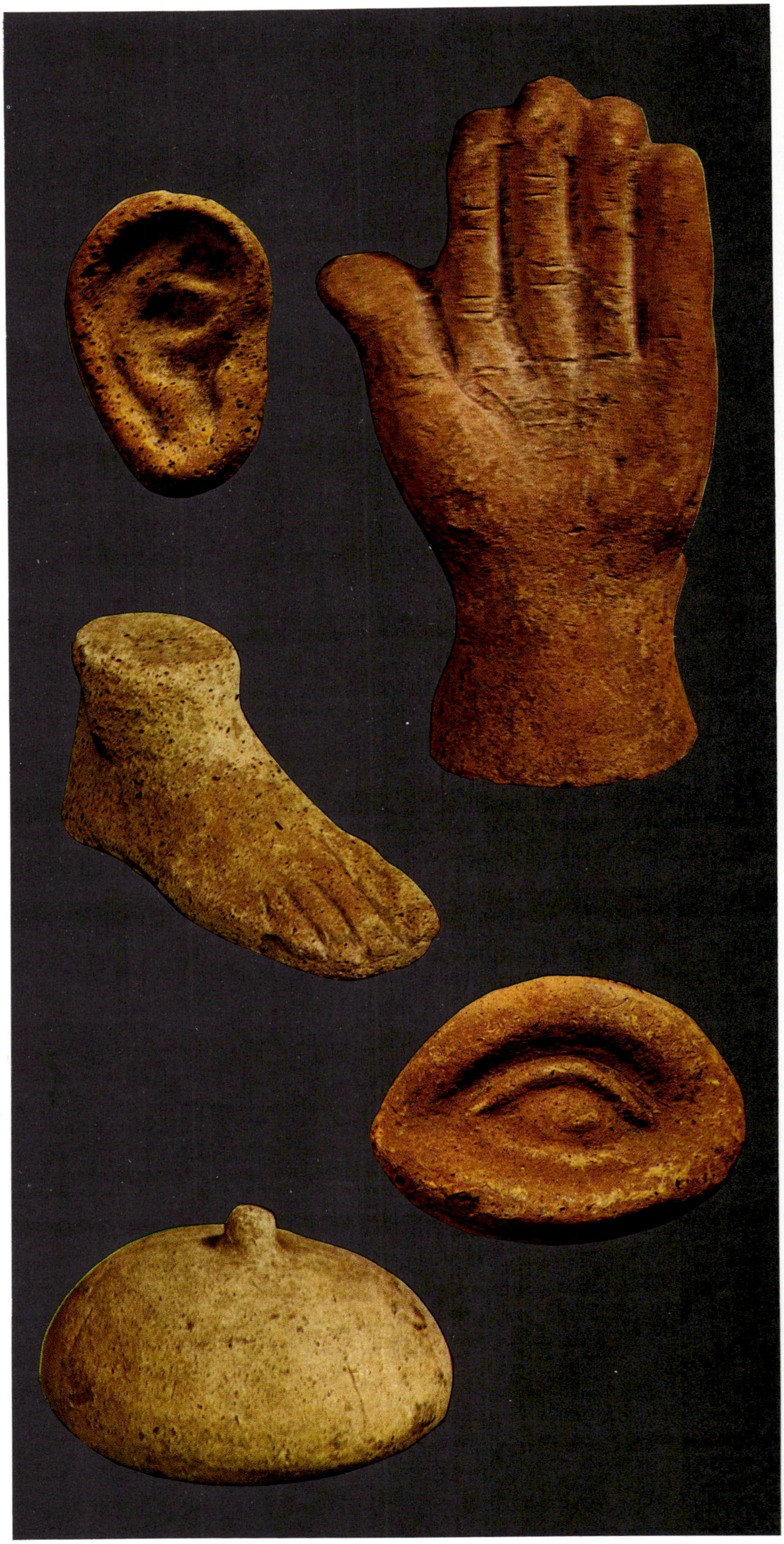

das heißt im Angesicht Jupiters, erscheinen durfte. Wenn seine Frau, die als Flaminica bezeichnet wurde, starb, gab er sein Amt ab, und seine Ehe konnte nur durch den Tod gelöst werden — eine seltene Vorschrift in Rom, wo die Ehescheidung sonst so einfach war. Er berührte nie einen Toten und betrat nie einen Friedhof. Für die Priesterin, so berichtet Gellius, »galt ungefähr dasselbe«, abgesehen von einigen Besonderheiten. Sie trug ein gefärbtes Gewand, und bei gewissen heiligen Bräuchen durfte sie ihr Haar nicht frisieren oder es auch nur kämmen. Um ihre Züchtigkeit bis ins letzte zu gewährleisten, war es ihr untersagt, mehr als drei Sprossen einer griechischen Leiter hinaufzusteigen, was immer das auch gewesen sein mag.

Priester und Priesterinnen müssen also ein durch allerlei Vorschriften sehr beengtes Leben geführt haben. Trotzdem haben sich die Tabus bis in die Tage der Antoninen behauptet. Es ist offensichtlich, daß die Römer in geistiger Hinsicht beträchtlich ärmer gewesen wären, als sie es tatsächlich waren, wenn sich die römische Religion zu dieser Zeit in der Befolgung solcher primitiver Gebote erschöpft hätte. Aber bevor wir die mannigfachen Anstrengungen untersuchen, die die Römer unternahmen, um sich von ihrer primitiven Vergangenheit in kultischer Hinsicht zu lösen, sei zunächst kurz dargestellt, wie die Religionsausübung von staatlicher Seite organisiert wurde.

Die Staatsreligion

Bisher wurde die römische Religion in ihren Zusammenhängen mit der Sippe dargestellt. Sie erfuhr entweder, wie im Falle der Vesta, nach und nach eine Ausweitung aus dem privaten in den öffentlichen Bereich oder gewann, wie in dem normaleren Fall der Luperkalien, über die magische Funktion hinaus politische Bedeutung. Wir werden nun weiter nach den Grundlagen der Staatsreligion zu fragen haben.

DER RÖMISCHE KALENDER

Zu diesem Zweck betrachten wir den römischen Kalender, in dem alle Tage von religiöser Bedeutung aufgeführt sind. Wir besitzen noch große Teile eines in Stein gehauenen Kalenders, der uns Aufschluß gibt über die offizielle Jahreseinteilung, wie sie in der Zeit des Numa, nach dem der Kalender benannt ist (im 8. Jahrhundert v. Chr.), gehandhabt wurde. Außerdem können wir ein weiteres unschätzbares Dokument heranziehen, die *Fasti* des Ovid, ein 4772 Zeilen umfassendes Gedicht in sechs Büchern, in dem Monat für Monat und Tag für Tag die Feste der ersten Jahreshälfte beschrieben werden. Die Schilderung der Feste in den restlichen sechs Monaten war geplant, wurde jedoch nicht ausgeführt.

Der römische Kalender durchlief drei deutlich voneinander getrennte Entwicklungsstufen. Am Anfang bestand das römische Jahr aus zehn Monaten. Das heißt nicht, daß die Römer das Jahr einer Dezimaleinteilung unterworfen hätten; sie zählten vielmehr nur die zehn Monate von März bis Dezember, nicht aber die »toten« Monate Januar und Februar. Das mag uns seltsam erscheinen, es handelt sich hier aber um einen unter primitiven Völkern verbreiteten Brauch, und vergleichbare Gewohnheiten lassen sich in so weit voneinander entfernten Gebieten wie Afrika und Neuseeland beobachten. Der primitive römische Kalender begann mit dem Monat Mars (März), auf den der April folgte, von *aperire,* »öffnen«, weil in diesem Monat die Erde sich öffnet. Dann kam der Mai, benannt nach Maia, einer alten Göttin und wahrscheinlich Gemahlin Vulkans, während der Monat Juni das Andenken an die etruskische Gottheit Uni, oder Juno, bewahrte. Die übrigen Monate wurden einfach als Quintilis und Sextilis, als der fünfte und sechste, sowie September bis Dezember, der siebte bis zehnte, bezeichnet. Quintilis und Sextilis wurden in der Kaiserzeit zu Ehren des Julius Caesar und des Augustus in Juli und August umbenannt.

Die zweite Entwicklungsstufe des Kalenders wurde von den Etruskern begründet, die Januar und Februar hinzunahmen und damit Leben in die beiden »toten« Monate brachten. Offensichtlich beabsichtigten sie, den Januar zum ersten Monat zu erklären, da er nach Janus, dem Gott des Eingangs, benannt wurde; aber durch die Vertreibung der etruskischen Herrscher blieb der 1. März noch lange Zeit der erste Tag des Jahres — bis 153 v. Chr. Der Februar verdankt seinen Namen nicht etwa Febris, der Göttin des Fiebers (dieser bedeutenden Gottheit waren in Rom mehrere Heiligtümer geweiht), sondern dem Februus, der später mit Dis, dem lateinischen Pluto, gleichgesetzt wurde. Februar war der Monat, in dem die Stadt gereinigt wurde, indem man die Toten mit Weihgaben und Opfern, die man *februalia* nannte, besänftigte. Februus ist nichts anderes als die Verkörperung dieses Ritus.

Diesem Kalender lag, wie allen frühen Kalendern, das Mondjahr zu-

Links: Silvanus, der Gott der Bäume und Wälder, war auch der Beschützer der abgeernteten Felder. Er war eine der wenigen ländlichen römischen Gottheiten, die bis zum Schluß die gleichen Eigenschaften beibehielten. In der linken Hand trägt er einen Baum und in der rechten den Griff der Heckensichel — die Symbole seiner Doppelnatur. British Museum, London.

Gegenüber: Dieses Relief zeigt eine friedliche ländliche Szene: unten die kräftigen Rinder, darüber der zufriedene Landmann; neben ihm seine Jagdhündin und vor ihm ein kleiner Altar mit einem Feuer zu Ehren des Fruchtbarkeitsgottes Priapos.

grunde. März, Mai, Quintilis und Oktober hatten je 31 Tage, der Februar 28, die übrigen Monate je 29, was zusammen 355 Tage ausmacht. Zwölf Mondphasen ergeben aber noch kein ganzes Sonnenjahr. Um den Kalender annähernd mit dem Sonnenjahr in Einklang zu bringen, wurde von Zeit zu Zeit zwischen dem 23. und 24. Februar ein Schaltmonat eingeschoben. Das führt uns zu der dritten Stufe in der Entwicklung des römischen — und unseres eigenen — Kalenders. Die Einschiebung der Schaltmonate wurde so nachlässig gehandhabt, daß zur Zeit des (als Pontifex maximus für den Kalender verantwortlichen) Julius Caesar das offizielle Jahr dem Sonnenjahr um drei Monate voraus war. Er übernahm deshalb im Jahre 46 einen verbesserten Kalender von den Ägyptern. Dieser wird nach ihm Julianischer Kalender genannt und von manchen Kirchen des Ostens noch heute verwendet. Im Jahre 1582 wurde er von Papst Gregor XIII. verbessert. Dieser Gregorianische Kalender — den übrigens Caesar bereits in den Archiven der Universität Alexandria hätte finden können — ist der Kalender, den wir heute benutzen.

Im Julianischen Kalender wurden die Tage des Monats nicht mit fortlaufenden Zahlen bezeichnet, wie wir es heute tun. Der Monat hatte vielmehr drei feste Punkte, die sich nach den Mondphasen richteten: die Kalenden (der erste Tag des Monats), die Iden (der Tag des Vollmondes) und dazwischen die Nonen (der neunte Tag vor dem Vollmond). Der erste Tag wurde Kalenden (»Ausrufungen«) genannt, weil an diesem Tage die Priester auf dem Kapitol ausriefen, ob die Nonen auf den siebten oder neunten Tag des Monats fallen würden — eine Abweichung, die sich aus der unterschiedlichen Länge der Monate ergab. Tatsächlich wurden also die Tage des Neumonds, des ersten Viertels und des Vollmonds bezeichnet. Die übrige Zeit des Monats (in der der Mond abnahm und Unglück mit sich brachte) hatte überhaupt keine Bezeichnung; man zählte einfach die Tage bis zum Beginn des folgenden Monats. Dieses komplizierte und unpraktische System wurde bis zum Ende der Römerherrschaft beibehalten.

DIE FESTTAGE

So unvollkommen der Kalender war, er brachte doch zum ersten Mal eine gewisse Ordnung in die Religionsausübung der Römer, die nun nicht allein in ihrer Eigenschaft als Mitglied oder Oberhaupt der Familie, sondern auch als Bürger Roms erfaßt wurden. Der Kalender des Numa kann zeitlich in etwa dadurch festgelegt werden, daß er den Kult des Quirinus auf dessen Hügel, dem Quirinal, berücksichtigt. Andererseits wird die kapitolinische Triade nicht erwähnt; auch enthält dieser Kalender keinen Hinweis auf Diana, die Göttin, die aus Latium stammte und bereits vor dem Ende der Königsherrschaft auf dem Aventin verehrt wurde.

Der Kalender selbst hat zwei Hauptaufgaben. Einmal teilt er die Tage des Monats in *fasti* (von *fas,* »Recht«) und *nefasti* ein, das heißt in Tage, an denen Geschäfte abgeschlossen werden durften, und solche, an denen es nicht gestattet war. Zum andern enthält er die Daten von nicht weniger als 45 Festen. Der Kalender beschreibt sozusagen die Jahresordnung eines Staates, dessen Lebensgrundlage zwar noch immer der Ackerbau war, der sich aber schon zu einem Gemeinwesen mit juristischen und politischen Geschäften — auch dem der Kriegführung — entwickelte, also ein perfektes Miniaturmodell der späteren römischen Republik darstellte.

Im März und im Oktober sind diese Merkmale besonders stark ausgeprägt. Im Monat des Mars führten zum Beispiel die Salier, die »hüpfenden« Priester des Mars, bis zum 23. Tag ihre Tänze und Gesänge auf, bei denen sie Lanzen schwangen und die heiligen Schilde, *ancilia* genannt, aneinanderschlugen, deren erster einst vom Himmel gefallen sein sollte. Die Priester waren wie alte latinische Krieger gekleidet, und der Zweck der Tänze, in deren Verlauf sie nicht nur Mars, sondern auch andere Götter anriefen, war ein zweifacher: zum einen wollte man alle bösen Geister vertreiben, die sich im Winter in die Stadt geschlichen hatten, zum anderen durch die Sprünge, die eine Art Beschwörung waren, das Wachstum der Ernte günstig beeinflussen; für beides gibt es Parallelen in Afrika und Europa.

Am 19. wurden die Ancilien lustriert und am 23. die Trompeten. Am 14. fand die zweite *Equirria* statt, bei der man die Schlachtrosse lustrierte. Lanzen, Schilde und Pferde — die gesamte Ausrüstung des Heeres wurde im Marsmonat in Ordnung gebracht und neu geweiht. Die erste *Equirria* feierte

man am 27. Februar, und am 24. desselben Monats wurde das *Regifugium,* die Königsflucht, abgehalten, worüber wir nichts wissen, außer daß man diesen Tag wie die *Equirria* festlich beging.

Im Oktober ist die Zeit der Kämpfe vorüber, und ein zweiter Reinigungsprozeß findet statt. Am 15., also den Iden des Oktober, wurde ein äußerst merkwürdiger Ritus vollzogen, der nicht im Kalender erwähnt ist: Nach einem Wagenrennen auf dem Campus Martius wurde das rechte Pferd des siegreichen Gespanns dem Mars geopfert, sein Schweif wurde abgeschnitten und von einem Läufer in die Regia gebracht, wo man ihn so aufhängte, daß das Blut auf den Altar der Vesta tropfte; um den Kopf des Pferdes kämpften zwei rivalisierende Gruppen, von denen eine aus der Via Sacra, die damals wie heute über das Forum lief, die andere aus der Subura, einem Viertel im Nordosten des Forums, stammte. Weder in der Antike noch in unseren Tagen ist irgendeine Erklärung für diesen grausigen Ritus gefunden worden; da aber das Blut von den Vestalinnen zur Reinigung verwendet und das Pferd oft als der Geist des Getreides angesehen wird, vermutet Rose, daß es sich auch hier um einen Rest alter bäuerlicher Magie gehandelt habe. Am 19. Oktober fand das *Armilustrium* statt, die Lustration der Waffen, und am selben Tag verwahrten die Salier, die während der ersten Monats-

Oben: Der Messerschmied. Ausschnitt aus einem Altar, den Lucius Cornelius Atimetus im 1. Jahrhundert n. Chr. errichten ließ. Unter den feilgebotenen Waren befinden sich auch Sicheln und Gartenmesser für die noch immer wichtige Landarbeit. Vatikanische Sammlungen, Rom.

Gegenüber: Diese aus dem 7. Jahrhundert v. Chr. stammende Statue des Mars ist ihrem Stil nach ausgesprochen etruskisch. Der Kriegsgott Mars, der nicht mit dem griechischen Gott Ares gleichgesetzt werden darf, war ursprünglich ein Geist der Pflanzenwelt. Er folgt im Rang sofort hinter Jupiter, und während seines Monats, des März, wurden ihm zu Ehren zahlreiche Zeremonien abgehalten. Museo Archeologico, Florenz.

Glaucus war ein Meergott, der das Schiff *Argo* baute und auf der Seite der Argonauten kämpfte.

Rechts: Saturnus war eine sehr alte italische Gottheit, die später mit Kronos gleichgesetzt wurde. Seine Herrschaft über Latium wurde als Goldenes Zeitalter angesehen. Sein Fest, die Saturnalien, wurde in den letzten Tagen des Dezember gefeiert; dabei schienen die sozialen Unterschiede verwischt, und die Herren mußten ihre Sklaven bedienen.

Oben links: Ceres, eine alte latinische Göttin des Pflanzenwachstums. Als im Jahre 496 v. Chr. auf Geheiß der Sibyllinischen Bücher der Demeter-zusammen mit dem Dionysos-Kult übernommen wurde, setzte man Ceres der Demeter gleich, bis beide Gottheiten schließlich miteinander verschmolzen. Hier hält Ceres die Ähren in der Hand, die eine so große Rolle in den Eleusinischen Mysterien der Demeter spielten.

Oben, Mitte: Pomona, die Göttin des Obstes. Wie Flora besaß auch sie einen eigenen Flamen. Bei Ovid ist sie die Gattin des Vertumnus, des Gottes, der wie sie mit der Wiederkehr der Jahreszeiten und der Fruchtbarkeit der Erde zu tun hat. Florenz, Uffizien.

Oben, rechts: Flora war die Göttin »alles Blühenden«. Sie besaß einen eigenen Priester, einen der zwölf Flamines, die angeblich Numa eingesetzt hatte. Ihr Fest waren die Floralia (vom 28. April bis 3. Mai), woran auch die Kurtisanen teilnehmen durften.

Links: Der Flußgott Tiber mit seinem Ruder, dem Füllhorn, einem Wolf und den Zwillingen. Die Römer liebten Statuen von Flußgöttern; auf dem Kapitol ist der Tiber zusammen mit dem Nil dargestellt. Im Jahre 1651 errichtete Bernini seinen berühmten Brunnen auf der Piazza Navona: Nil, Ganges, Donau und Rio de la Plata symbolisieren hier die damals bekannte Welt. Paris, Louvre.

hälfte abermals aufgetreten waren, ihre Schilde, zum Zeichen dafür, daß die kriegerische Jahreszeit nun vorüber sei.

So spiegelt der Kalender, wie Warde Fowler einmal bemerkt, sowohl die politische als auch die militärische Entwicklung wider. Aber in der Hauptsache befaßte er sich mit dem Ackerbau, der die Lebensgrundlage der Bevölkerung darstellte. Der März war, wie wir gesehen haben, vorwiegend den militärischen Vorbereitungen gewidmet. Im April drehte sich alles mehr um die Landwirtschaft. Am 15., den *Fordicidia,* wurde der Erdgöttin Tellus eine trächtige Kuh geopfert; das ungeborene Kalb verbrannte man, wahrscheinlich um das Gedeihen der Ernte sicherzustellen. Die *Cerealia* am 19. April scheinen demselben Zweck gedient zu haben. Am 21. folgten die *Parilia* oder *Palilia,* zu Ehren von Pales, dem Hirtengott, der älter war als die Stadt Rom. Der Ritus bestand in einer Lustration des Viehs, bevor es von den winterlichen Futterplätzen auf die höhergelegenen Weiden im Gebirge getrieben wurde, vergleichbar der Lustration eines Heeres, bevor es in den Krieg zog. Die Gründung Roms soll ebenfalls am 21. April stattgefunden haben, und so gilt dieser Tag bis heute als der Geburtstag Roms.

Am 23. April suchte man durch die

Oben: Der Ponte Rotto. Im Jahre 179 v. Chr. ließen die beiden Censoren eine Brücke mit steinernen Fundamenten bauen. Im Jahre 142 wurden dann auf Geheiß der zu dieser Zeit amtierenden Censoren auch die Bogen aus Stein gemauert; so erhielt Rom seine erste ganz aus Mauerwerk bestehende Brücke. Die Überreste dieser Brücke, die oft zerstört und wiederaufgebaut wurde, sind heute noch zu sehen.

Gegenüber, oben: Die drei obersten Gottheiten des Kapitols waren Jupiter, Minerva und Juno. Hier werden sie auf einem Relief dargestellt. Museo Nazionale Romano, Rom.

Gegenüber, unten: Das Pomerium war der Freiraum einer durch die Auguren eingegrenzten Stadt. Die Begrenzung wurde durch rituelles Pflügen bezeichnet, das auf diesem Relief gezeigt wird.

Rechts: Fides Publica, die Personifikation von Treue und Wahrhaftigkeit. Ihr Kult ist sehr alt; er soll von Numa gestiftet worden sein. Münze des Domitian (81—96 n. Chr.). Museo Nazionale Romano, Rom.

Vinalia Schutz für die Weinberge zu erflehen, und am 25., wenn das Getreide Ähren anzusetzen begann, wurde der böse Robigus feierlich besänftigt.

Der Mai war ein relativ ruhiger Monat, weil die im April getroffenen Vorsichtsmaßregeln als hinreichend für den Schutz der heranwachsenden Ernte angesehen wurden, aber gegen Ende des Monats lustrierten die Arvalbrüder, die die Fruchtbarkeit der Äcker zu sichern hatten, den gesamten sogenannten *ager Romanus,* das Staatsgut. Dabei handelt es sich um ein bewegliches Fest, so daß es nicht im Kalender aufgeführt ist. In der Zwischenzeit, und zwar am 14. oder 15. Mai, war eine feierliche Prozession nacheinander zu den 27 Kapellen der Stadt (den Argei) gezogen und hatte von dort 27 Strohpuppen mitgenommen, die wahrscheinlich zwei Monate vorher in den Kapellen niedergelegt worden waren; 27 ist drei mal neun und damit eine Zahl von magischer Kraft. Diese Puppen wurden von den Hohepriestern, Vestalinnen und Prätoren, denen sich die Bürger anschlossen, die »dem Gesetz nach an Riten teilnehmen dürfen«, zum Pons Sublicius getragen, der hölzernen Brücke unterhalb des Palatins; sie stellte bis zum Bau des sogenannten Ponte Rotto durch Aemilius im Jahre 179 v. Chr. die einzige Verbindung zwischen den Ufern des Tiber dar. Nach einem Opfer wurden die Puppen in den Tiber geworfen. Die Bedeutung dieser Zeremonie konnten die Römer genausowenig erklären wir wir. Manche dachten, die Puppen seien ein Ersatz für Menschenopfer gewesen und verkörperten die über sechzigjährigen Männer, die in früherer Zeit von der Brücke gestoßen und im Tiber ertränkt worden waren.

Plutarch nennt diesen Ritus die »größte aller Reinigungszeremonien«; Frazer schließt daraus, der Sinn dieser Kulthandlung könne darin bestanden haben, alles Übel, das sich im Laufe des Jahres ansammelte, ins Meer hinauszuspülen; ähnliche Bräuche aus anderen Gebieten führt er als Parallelen an. »Aber«, fügt er hinzu, »es gibt noch eine andere, einfachere Erklärung der Argei, die Beachtung verdient. Könnten sie nicht Opfer für den Flußgott gewesen sein, um ihn zu besänftigen und ihn zu bitten, ohne Zorn die Schmach zu erdulden, daß eine Brücke seinen Strom überspannte? ... Wir können uns leicht vorstellen, wie verärgert ein Flußgott über den Anblick einer Brücke sein mußte, auf der Menschen trockenen Fußes über ihn hinwegschritten, die sonst in der Furt ertrunken wären. So wurde die Gottheit ihrer Opfer beraubt und verlangte natürlich eine Entschädigung dafür ... Nichts spricht so sehr für diese Hypothese wie die Tatsache, daß diese Opfer unter Aufsicht der Hohenpriester, der *pontifices* also, dargebracht wurden, deren Name ja ›Brückenbauer‹ bedeutete und sie damit als die Schuldigen auswies, die für diese Lästerung verantwortlich waren und deshalb auch als Büßer die Sühne vollziehen mußten.«

Die wichtigste Aufgabe im Juni war, wie bereits erwähnt, die Reinigung des *penus* der Vesta, damit er das Getreide aus der neuen Ernte aufnehmen konnte. Im Juli fanden einige Feste statt, deren Bedeutung so dunkel ist, daß es sich nicht lohnt, sie eingehender zu untersuchen. Die eigentlichen Erntefeierlichkeiten beginnen im August. Die *Consualia* am 21. und die *Opiconsiva* am 25. August leiten sich beide von dem Wort *condere* her, das auch »bergen« oder »aufspeichern« heißen kann: vielleicht liegt hier ein Zusammenhang mit dem Einbringen der Ernte vor. Dazwischen lagen die *Volcanalia* am 23., deren Zweck es war, Getreidebrände oder allgemein den Ausbruch von Bränden zu verhüten, die bei dem heißen, trockenen Wetter des Spätsommers so leicht entstehen können.

Von da an gab es im Ackerbau bis zum Ende des Jahres nichts anderes zu tun als zu pflügen und zu säen, und diese Tätigkeiten glaubte man keinen schädlichen Einflüssen unterworfen, zumindest keinen, die Mutter Erde nicht allein abwehren könne, und deshalb werden sie nicht im Kalender erwähnt. Wenn aber die Herbstsaat vorüber war, wurden am 17. Dezember die *Saturnalia* gefeiert (der Name Saturn leitet sich von einem lateinischen Wortstamm mit der Bedeutung »säen« her), vorher, am 15., fanden erneut *Consualia,* danach, am 19., die sogenannten *Opalia* statt. Das Wort Saturnalia hat heute auch die Bedeutung »Orgie«. Diese Bedeutungsverschiebung ist ein Beispiel dafür, wie die meisten der von uns erwähnten Riten ihre ursprüngliche Kraft und Bedeutung verloren, ohne jedoch völlig in Vergessenheit geraten zu sein.

Die meisten von ihnen hängen mit dem Ackerbau zusammen, der Haupt-

beschäftigung und Lebensgrundlage einer bäuerlichen Gesellschaft; aber welchen Sinn hatten sie in einem städtischen Gemeinwesen, dessen Glieder sich viele Generationen hindurch von importiertem Getreide ernährt hatten, bis es schließlich in der Spätzeit der Republik verschenkt wurde? »Brot und Spiele« waren zu dieser Zeit das Vorrecht des Pöbels geworden, der Ackerbau war in Vergessenheit geraten. Die Saturnalien wurden noch immer als fröhliches Winterfest gefeiert und blieben bis zum Ende des Heidentums bestehen. Die Menschen hatten längst vergessen, daß dieser Brauch etwas mit der Aussaat zu tun hatte.

So entwickelte sich die römische Staatsreligion von bäuerlichen Ursprüngen zu ihrer ersten offiziellen Form. Die Römer verehrten mit der Zeit vier hohe Götter, die sich aufgrund der ihnen gewidmeten Zeremonien zu ausgeprägten Persönlichkeiten entwickelt hatten, nämlich Janus, Jupiter, Mars und Quirinus sowie eine Göttin, Vesta. Jeder der vier Götter hatte seinen eigenen Priester; der *Rex Sacrorum,* der Nachfolger der Könige und wie in Athen nur noch mit den religiösen Funktionen des Königs betraut, wohnte in der Regia und diente dem Janus, von den anderen drei Göttern war jedem ein Flamen zugeordnet.

Von der Unzahl der niedereren *numina* haben wir die wichtigsten schon erwähnt. Einige von ihnen hatten einen eigenen Flamen, nämlich

Oben und ganz oben: Spielende Kinder auf einem Sarkophag. Rom, Vatikanische Museen.

Gegenüber: Römische Küche, Bäckerei und Keller und die Darstellung eines einfachen Mahles. Diese Art von Relief ist typisch für die sachliche, dem Irdischen zugewandte Wesensart der Römer.

Unten: Römisches Begräbnis. In der Kaiserzeit kam die Bestattung in prächtigen Sarkophagen auf. Diese Darstellung zeigt links oben die Witwe mit ihrer Dienerschaft, dann ein Bild des Verstorbenen, der nun zu den Sternen entrückt ist (man beachte die Sterne und die Mondsichel), sowie weitere Trauernde, Horn- und Trompetenbläser. In der unteren Reihe Leichenträger und Flötenspieler. Museo d'Arte Nazionale d'Abrazzo l'Aquila.

Volcanus, Volturnus, Furrina, Portunus, Pales, Flora, Pomona, Carmenta und Falacer. Unter diesen ist Falacer nahezu völlig unbekannt, ähnliches gilt für Furrina und Volturnus. Von Carmenta wissen wir nur, daß ihre Priesterin Neugeborenen die Zukunft voraussagte. Dieser Hinweis findet sich bei Augustinus, demnach scheint sie zu seiner Zeit noch bekannt gewesen zu sein. Neue Flamines wurden bis zur Einführung des Cäsarenkultes nicht ernannt.

Die Religion der primitiven bäuerlichen Gemeinschaft, die auf die Förderung des Ackerbaus und seinen Schutz vor sichtbaren und unsichtbaren Feinden ausgerichtet und stark mit Magie und Tabus durchsetzt war, hatte sich so weit fortentwickelt, daß sie in einem Kalender niedergelegt, von einer anerkannten Priesterschaft praktiziert und vom Staat in Form regelmäßiger religiöser Festtage anerkannt wurde. Das bedeutete einen großen Schritt vorwärts; aber wie Warde Fowler ausführt, hatte diese Religion der *di indigetes,* der einheimischen Götter, wie sie zur Unterscheidung von den späteren Neuankömmlingen genannt wurden, einige entscheidende Nachteile. »Der schwerwiegendste war die Tatsache, daß es eine Religion des Staates, nicht des Individuums oder der Familie war ... Obwohl die frühesten Spuren und Überlieferungen von Recht und Gesetz in Rom in gewisser Weise moralisch fundiert sind, da der Verbrecher als eine Art Sühneopfer der beleidigten Gottheit überantwortet wurde, blieb doch der einzelne Mensch, soweit ich es überblicke, in seiner Beziehung zum Göttlichen im großen und ganzen auf derselben Stufe, auf der er vor der Entstehung des Staates gestanden hatte.«

Zwar wurden auch einige neue Götter in die Staatsreligion aufgenommen, in anderen aber kündigte sich bereits eine persönliche Religion an.

Oben: Ein römischer Fleischerladen, auf typisch römische Art geführt. Die Fleischstücke sind säuberlich aufgereiht, die Waage hängt griffbereit, und der Meister führt Buch über die Verkäufe.

Unten: Relief eines römischen Kaufladens. Ausgrabungen von Ostia.

Die neuen Götter

Wie schon erwähnt, hatte die römische Religion zu Beginn der Republik eine feste, aber keine starre Form angenommen. Es gab nun einen hochorganisierten Staatskult, der von spezialisierten Staatsdienern wahrgenommen wurde. Der einzelne Mensch beteiligte sich nicht am »Gottesdienst«, ihm blieben nur die primitiven Riten für Haus und Hof. Mit der Entwicklung der städtischen Zivilisation entsprachen diese Riten nach und nach immer weniger den religiösen Bedürfnissen des normalen Bürgers. Dieser wurde durch Handel, Kriege und Bildungsreisen immer vertrauter mit der Religion und Philosophie anderer Völker und fühlte sich zu ihnen hingezogen: zu den Italikern, den Etruskern, den Griechen und den Völkern des Vorderen Orients.

HERAKLES

Der Prozeß der Übernahme fremder Gottheiten hatte schon vor der Gründung der Republik eingesetzt. Minerva wurde in diesem Zusammenhang bereits erwähnt. Lange glaubte man, Minerva sei eine etruskische Gottheit; heute hat sich die Ansicht durchgesetzt, daß sie italischen Ursprungs war. Von Italien aus waren auch zwei bedeutende griechische Kulte, nämlich der des Herakles und der von Castor und Pollux (Polydeukes), den Dioskuren, schon sehr früh nach Rom gekommen, genauer gesagt aus latinischen Städten, die Handelsverbindungen mit Griechenland hatten. Tatsächlich waren dies die ersten, wenn auch indirekten Kontakte zwischen Rom und Griechenland. Herakles übte in der Antike eine große Anziehungskraft auf die Menschen aus; er war, wiewohl ein Halbgott, ein menschenähnliches Wesen mit einer Schwäche für Wein und Frauen, jedoch übermenschlich in seiner Fähigkeit, die bösen Folgen seiner Beschäftigung mit diesen Liebhabereien abzuwenden. Herakles, latinisiert Hercules, wurde zuerst in Tibur (Tivoli) eingesetzt, wo er offenbar als Schutzgott der Händler fungierte, und später nach Rom gebracht.

CASTOR UND POLLUX

Der Kult um Castor und Pollux entstand in Tusculum. Der Überlieferung nach wurde er im Jahre 499 v. Chr. begründet, als die göttlichen Zwillinge auf dem Forum erschienen, um den Sieg am See Regillus zu verkünden, wo sie auf der Seite der Römer gegen die Tusculaner und Tarquinier gekämpft und dann die Siegesbotschaft nach Rom gebracht hatten. Sie wuschen und tränkten ihre geflügelten Stuten am Bassin der Juturna auf dem Forum, wo ihnen im Jahre 484 ein Tempel errichtet wurde. Das Bassin, eine rechteckige steinerne Zisterne, ist noch heute zu sehen, ebenso drei Säulen des von Augustus zum drittenmal wiederaufgebauten Tempels. Auch die Dioskuren wurden mit dem Handel in Zusammenhang gebracht, und bei ihrem Heiligtum befand sich ein Amt für Maße und Gewichte.

Säulen des Portikus vom Castor-und-Pollux-Tempel auf dem Forum Romanum. Sie stammen aus dem Jahre 6 n. Chr. und sind aus dem berühmten Parischen Marmor gefertigt.

Nahe bei dem sogenannten Tempel der Fortuna Virilis steht dieses reizvolle Bauwerk, irrtümlich Vestatempel genannt, weil seine runde Form an den Vestatempel auf dem Forum erinnert.
Dieser Tempel entstand in der Zeit des Augustus, vielleicht auch etwas früher. Er steht in der Nähe des alten Hafens (bis ins 19. Jahrhundert war der Tiber schiffbar). Manche glauben deshalb, dieses Gebäude sei dem Portumnus geweiht gewesen, aber das ist eine bloße Vermutung. Die Römer bevorzugten runde Tempel in der Art des griechischen *tholos.* Einer davon befindet sich in Tivoli: Soane hat ihn als Vorbild für seine Tivoli-Ecke in der Bank von England benützt.

DIE ETRUSKER

Etruskische Einflüsse hatten schon seit langem auf die römische Religion eingewirkt, und über die Etrusker empfingen die Römer auch die ersten Eindrücke von der Religion und Philosophie der Griechen. Deshalb sind die Etrusker für die Entwicklung des religiösen Empfindens der Römer von zweifacher Bedeutung.

Ob die ersten Etrusker Einwanderer aus Asien waren oder aus einer Mischung von Villanova- und Jungsteinzeitmenschen hervorgingen — Tatsache ist, daß sie sehr früh mit der griechischen Kultur in Berührung kamen. In ihren Gräbern wurden nicht nur Kunstgegenstände gefunden, die den griechischen Einfluß erkennen lassen, sondern auch einige der schönsten griechischen Vasen überhaupt. Da sie mit Rom in enger Verbindung standen und es eine Zeitlang sogar beherrschten, konnten sie das griechische Kulturgut an das Gemeinwesen am Südufer des Tiber weitergeben. Für uns ist interessant festzustellen, daß die Römer genug Urteilsfähigkeit besaßen, um nur das zu übernehmen, was ihnen nützlich schien.

Etruskische Grabmalereien enthalten Beispiele für das, was die *Cambridge Ancient History* (Band VIII, S. 449) ein »von Dämonen heimgesuchtes religiöses Bewußtsein« nennt. »In der römischen Kunst und Literatur«, so lesen wir in demselben Werk, »finden sich keine Anzeichen für diese Religion des Schreckens... Die Furcht vor einer Bestrafung nach dem Tode, gegen die Lucretius schrieb, ist im Vergleich dazu viel rationaler und unmittelbar auf griechischen Einfluß zurückzuführen. Bezeichnend ist auch, daß sich in der römischen Hierarchie nicht eine einzige Gottheit rein etruskischen Ursprungs findet.« Zwei Dinge übernahmen die Römer jedoch von den Etruskern: den Bau von Tempeln und viele, wenn nicht sogar alle ihrer Weissagungsriten.

Auf den ersten Blick scheint der Bau von Tempeln nur eine unbedeutende Neuerung zu sein, eine Verbesserung gegenüber den primitiven Altären, die vorübergehend an heiligen Orten errichtet wurden, entweder im Freien oder unter einem einfachen, offenen Dach. Vom rein ästhetischen Standpunkt aus mag das zutreffen; aber sobald ein Tempel bestand, war es nur natürlich, daß ein Bild der Gottheit darin aufgestellt wurde. Auf diese Weise nahmen die römischen *numina* Gestalt an. Sie waren keine bloßen Geister mehr, sondern zu Götzenbildern geworden. »Über 170 Jahre lang«, so schreibt Varro (1. Jahrhundert v. Chr.), den der heilige Augustinus zitiert, »verehrten die Römer ihre Götter in bildloser Form (nicht als *simulacra*)«, angefangen von der Gründung Roms bis zur Zeit des ersten etruskischen Königs.

Der früheste römische Tempel, dessen Entstehungszeit uns wenigstens ungefähr bekannt ist, war der große Tempel auf dem Kapitol. Mit dem Bau soll während der Tarquinierherrschaft begonnen worden sein, und der Tempel wurde angeblich im ersten Jahr der Republik, also im Jahre 509 v. Chr., geweiht. Er war im etruskischen Stil erbaut, mit Grundmauern aus etruskischem Mauerwerk, und der Göttertriade Jupiter, Juno und Minerva geweiht; in seinem Innern stand eine Statue des Jupiter. Auf diese Weise wurde die Entwicklung vom Animismus zum Anthropomorphismus, zur Übertragung menschlicher Eigenschaften auf die Götter, beschleunigt. Erst Jahrhunderte später wurde diese Entwicklung rückgängig gemacht, nach heftigen Auseinandersetzungen mit der griechischen Philosophie und der jüdisch-christlichen Religion. Mit Recht sagt Varro, daß »diejenigen, die als erste Götterbilder verfertigten, die Furcht von den Völkern nahmen, sie aber in noch größere Irrtümer verstrickten«. Der Römer hörte auf, seine Götter zu fürchten, weil die überall anzutreffenden Götterbilder eine Vertrautheit entstehen ließen, die Verachtung erzeugte; die auf religiöse Sanktionen gegründete römische Disziplin wurde unterhöhlt. Die Irrtümer wurden vertieft, weil ein *numen* einer geistigen Entwicklung fähig war, nicht aber eine Statue.

DIE AUGUREN

Ein anderer Bereich der römischen Religion, der von den Etruskern in ein

System gebracht wurde, war die Weissagung. In der Republik galten die sogenannten Auguren zusammen mit den Pontifices als die Bewahrer der römischen Religionslehre. Die Stiftung dieses Priesterkollegiums wurde Romulus zugeschrieben, und nach 300 v. Chr. zählte es neun Mitglieder. Ob das Wort *Augur* sich aus der Wurzel *av* wie »Vogel« oder aus demselben Wortstamm wie Augustus herleitet, ist noch umstritten, aber es ist sicher, daß das Augurium vieles in seiner späteren Entwicklung etruskischem Einfluß verdankt und daß es auf die Vögel angewiesen war. Es wird erzählt, daß Romulus und Remus durch die Beobachtung der Vögel entschieden, wer von beiden der Gründer Roms sein sollte. Immer wieder in der gesamten Geschichte der Republik ist von der Bedeutung der Vögel die Rede. Das kommt in Ovids Zeile *Magna fides avium est, experiamur aves* zum Ausdruck — »Großes Vertrauen wird in die Vögel gesetzt, laßt uns die Vögel befragen«. Ob und wie sie fraßen oder tranken, wo sie sich niederließen, welche Laute sie von sich gaben — all das waren Anzeichen, aus denen man den Willen des Himmels ersehen konnte, denn der Himmel ist ihr natürlicher Lebensraum. Der eigentliche etruskische Beitrag zur Seherkunst der Auguren war die Technik der Eingeweideschau. Der erste Teil eines Lehrbuches mit dem Titel *Disciplina Etrusca* beschäftigt sich mit dieser Kunst; sie wurde von den Haruspices ausgeübt, die die Römer aus Etrurien herbeiriefen, wenn sie ihrer Dienste bedurften. Eine andere Fertigkeit der Etrusker war die Deutung der Blitze bei Tag wie auch bei Nacht.

Die Aufgabe der Seherkunst, ob in Form der Vogelschau der Auguren oder durch andere Mittel, war weniger die Weissagung der Zukunft als vielmehr die Feststellung, ob die Götter einer geplanten Unternehmung günstig waren. Da man nicht dafür bürgen konnte, daß ein günstiges Omen sich immer dann zeigte, wenn es erwünscht war, half man sich mit einer List. Es gab zwei Verfahren. Das erste beruhte darauf, daß ein böses Omen für denjenigen keine Bedeutung hatte, der es nicht sah — das heißt, der Augur konnte vor dem schlimmen Vorzeichen die Augen verschließen. Die zweite List bestand darin, daß nur das Omen zählt, das gemeldet wird, so daß der Augur, wenn ihm der Sinn danach stand und er dieselbe politische Überzeugung hatte, dem Magistrat jederzeit die gewünschte Zustimmung der Götter versprechen konnte. Es liegt auf der Hand, daß diese während der ganzen Zeit der Republik geübten Praktiken die römische Religion im schlechten Sinne beeinflußten: sie förderten den Aberglauben und stellten eine ständige Versuchung dar, die Religion für politische Zwecke zu mißbrauchen.

Welch zynische Meinung die römische Oberschicht von diesen Dingen hatte, geht aus einigen von Livius angeführten Episoden hervor. Schon im Jahre 293, so berichtet er, hatte vor der letzten Schlacht gegen die Samniten einer der Hühnerwärter (*pullarii*) dem Konsul berichtet, daß seine Hühner beim Fressen ein gutes Omen gegeben hätten. Der Neffe des Konsuls, »ein junger Mann, der auf die Welt gekommen war, bevor man die Menschen lehrte, die Götter zu verachten«, wußte, daß dies nicht der Wahrheit entsprach, und sagte es seinem Onkel. Der Konsul antwortete nur, ihm sei es als günstiges Vorzeichen berichtet worden, und deshalb sei es »ein glänzendes Omen für das römische Volk und die römische Armee.« Sicherheitshalber wurde der Hühnerwärter jedoch in die vorderste Schlachtreihe beordert; er ist im Kampf gefallen.

Etwas später, im Jahre 249, schenkten P. Claudius Pulcher und sein Kollege Junius der Warnung eines *pullarius* (obwohl Junius' Zuname »Pullus« war) keine Beachtung und wurden beide in einer Seeschlacht besiegt. Claudius soll die Hühner sogar ins Wasser geworfen haben mit der Begründung, wenn sie nicht fressen wollten, könnten sie ja trinken. Flaminius, der Konsul, der 217 am Trasimenischen See von Hannibal geschlagen wurde, hatte Rom ohne jede religiöse Zeremonie verlassen. Marcellus, sein berühmter und erfolgreicher Kollege, weigerte sich, obwohl er selbst ein Augur war, sich von den Elmsfeuern an den Lanzenspitzen seiner Soldaten bestimmen zu lassen, und hielt stets die Vorhänge seiner Sänfte geschlossen, um keine bösen Omen zu erblikken.

Im Jahre 193 wurde Rom von einer Serie von Erdbeben heimgesucht, so daß der Senat nicht zusammentreten konnte und alle Staatsgeschäfte ruhten, da die Konsuln fast ununterbrochen mit Sühnezeremonien beschäftigt waren. Die Sibyllinischen Bücher wurden befragt und die vorgeschriebenen Gegenmittel angewendet. In ihrer Verzweiflung verkündeten die Konsuln schließlich auf Drängen des Senats, daß ein Erdbeben pro Tag genug sei und daß, wenn sich an einem für die Sühne eines Erdbebens vorgesehenen Tag ein weiteres ereigne, dieses nicht beachtet werden solle. Das veranlaßte Livius zu der Bemerkung, die Römer seien offenbar nicht nur der ständigen Erdbeben, sondern auch der Sühnezeremonien müde geworden.

Hochmut und Aberglaube, beides Feinde echter Religion, wurden auf diese Weise gleichermaßen gefördert. Um die Zusammenfassung der *Cambridge Ancient History* zu zitieren: »Der Einfluß der Etrusker war weniger stark als bisweilen angenommen wurde, aber in diesen beiden Punkten, der Begünstigung des Anthropomorphismus durch die Einführung von Tempeln und Tempelstatuen und dem Ausbau der Seherkunst, die den Aberglauben verstärkte, übten sie einen dauerhaften nachteiligen Einfluß aus.«

DEI CONSENTES

Von den Etruskern entlehnten die Römer noch ein anderes, weniger problematisches Element ihrer Staatsreligion, das aber ebensoviel zu ihrer Entwicklung beitrug, nämlich die *Dei Consentes*, die zustimmenden Götter. Die Etrusker kannten zwölf Gottheiten, sechs männliche und sechs weibliche, mit geheimnisvollen Namen, die Jupiter bei wichtigen Entscheidungen zur Seite standen, besonders bei der Auslösung von Blitzen. Die Römer übernahmen diese Götter, identifizierten sie aber mit den zwölf Hauptgöttern des hellenischen Pantheons. Das erklärt das bekannte — und manchmal verwirrende — Nebeneinander griechischer und römischer Namen. Eine Übersicht gibt die folgende Aufstellung:

Männliche Gottheiten:
Jupiter — Zeus
Neptunus — Poseidon
Apollo — Apollon
Mars — Ares
Volcanus — Hephaistos
Mercurius — Hermes

Weibliche Gottheiten:
Juno — Hera
Minerva — Athene
Diana — Artemis
Venus — Aphrodite
Vesta — Hestia
Ceres — Demeter

Als die Identifikation vollzogen war, wurden die Eigenschaften der römi-

Links: Der Apollo von Veji, eine lebensgroße etruskische Terrakottastatue, etwa 500 v. Chr. Sie gehört zu einer Figurengruppe aus einem Tempel in Veji, die den Raub der heiligen Hirschkuh des Apollo von Delphi durch Herakles darstellte. Museo Nazionale di Villa Giulia, Rom.

schen Götter und Göttinnen immer stärker denen der Menschen angeglichen, da man auch alle Sagen ihrer griechischen Urbilder auf sie übertrug.

APOLLO UND DIE SIBYLLE VON CUMAE

Nur ein Gott in der obigen Aufstellung ist beiden Religionen gemeinsam oder gehört, genauer gesagt, nur zu der einen Seite, ohne ein Gegenstück auf der anderen zu haben — nämlich Apollo, der faszinierendste aller antiken Götter. Der Grund für diese Gemeinsamkeit ist, daß die Römer ihn sehr früh von den Griechen übernommen hatten, und zwar nicht von der Magna Graecia, dem damals noch weit entfernten Süden, sondern von den Bewohnern der griechischen Kolonie Cumae an der Nordspitze der Bucht von Neapel. Cumae war berühmt für seinen Apollokult und gleichzeitig der Sitz einer Sibylle, einer Wahrsagerin des Apollo.

Die ursprüngliche Sibylle war eine trojanische Jungfrau von hoher Abkunft — das ist zumindest eine der verschiedenen Versionen, die, wie so oft, auch in diesem Fall bestehen. Die Römer gaben der trojanischen Sage den Vorzug, weil sie ihre Abstammung gern von königlichen Flüchtlingen aus Troja herleiteten (deren bekanntester Aeneas war), um nicht gegenüber den Griechen ins Hintertreffen zu geraten, die ihre Geschichte bis auf Homer und sogar noch weiter in die Vergangenheit zurückführten. Die Sibyllen waren von Apollo mit der Gabe der Weissagung ausgestattet; eine ihrer hervorragendsten Vertreterinnen stammte aus Eretrea auf der Insel Euböa. Der Überlieferung nach war diese Wahrsagerin nach Cumae ausgewandert und starb dort in sehr hohem Alter.

Um ihren Tod ranken sich wiederum mehrere verschiedene Sagen. Die einen sagen, Apollo habe bestimmt, sie dürfe so viele Jahre leben, wie der Sand am Strand ihrer Heimat Körner habe, unter der Bedingung, daß sie nie nach Eretria zurückkehre; eines Tages jedoch habe sie einen Brief von zu Hause erhalten, den die Absender mit Erde aus Eretria versiegelt hatten. Die Sibylle sei auf der Stelle gestorben. In anderen Geschichten heißt es, Apollo habe ihr nicht nur ein langes Leben, sondern auch ewige Jugend versprochen, falls sie Jungfrau bleibe. Sie lehnte ab und wurde daraufhin mit zunehmendem Alter immer kleiner,

Oben: Rückseite eines etruskischen Spiegels, der einen Auguren bei der Eingeweideschau zeigt. Da man sich bei der Weissagung der Vögel bediente, konnte der Augur auch mit Flügeln dargestellt werden. Vatikanische Sammlungen, Rom.

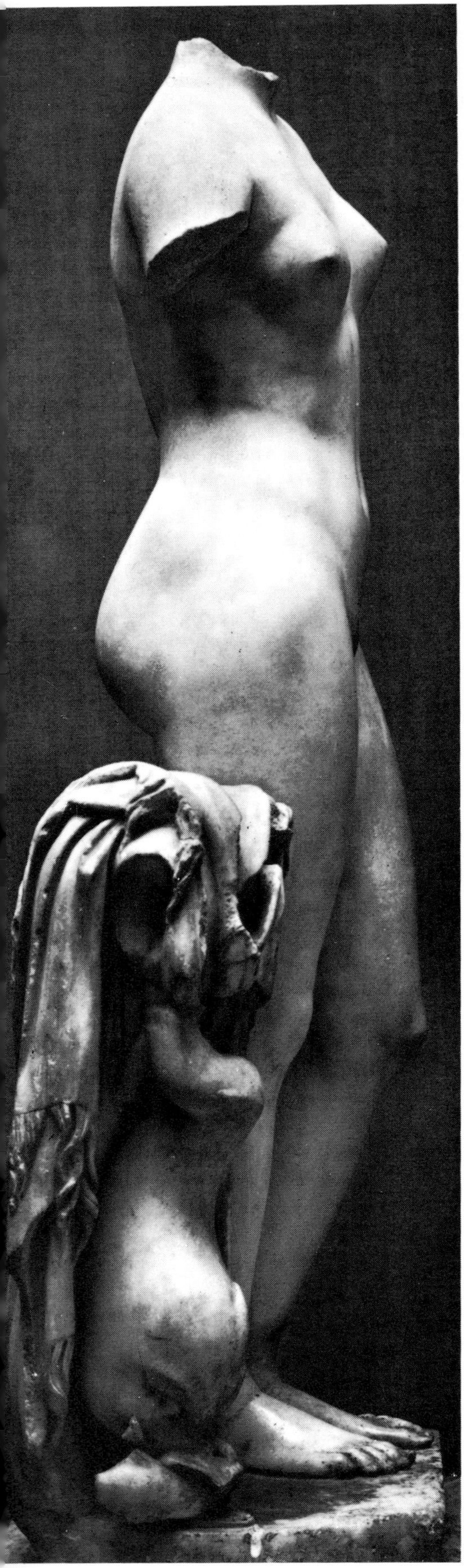

bis sie schließlich nicht größer als eine Heuschrecke war und man sie in einen Käfig in Cumae einsperrte. »Was wünschst du dir?« pflegten die Kinder zu fragen, und die Antwort war: »Ich möchte sterben.«

Die Sibylle von Cumae sollte unsterblich werden, weil sie im sechsten Buch von Vergils Epos Aeneas in die Unterwelt einführt. Ihr Einfluß auf das Schicksal Roms aber hatte schon viel früher begonnen. Sie hatte, so glaubte man, dem König Tarquinius nach langem Feilschen drei Orakelbücher verkauft — zum selben Preis, den sie ursprünglich für neun solcher Bücher gefordert hatte —, die sogenannten Sibyllinischen Sprüche. Vielleicht waren die dafür zuständigen Beamten (anfangs zwei, später zehn) jeweils nach Cumae gereist, wenn die Notwendigkeiten es erforderten, um das dort residierende Orakel zu befragen, und die Aufzeichnung der Sprüche, die zeitweise im Tempel des Jupiter auf dem Kapitol aufbewahrt wurden, war erst später erfolgt. Auf alle Fälle muß man den Beginn des Einflusses der Sibyllinischen Sprüche auf die Geschicke Roms auf das Jahr 493 ansetzen, als das Orakel während einer Hungersnot die Anweisung gab, unterhalb des Aventins einen Tempel für Ceres, Liber und Libera zu errichten — bei dem es sich in Wahrheit um ein Heiligtum für die griechische Triade Demeter, Iakchos und Persephone handelte; Iakchos war entweder der Sohn Demeters oder Persephones, vielleicht sogar der Gemahl der Demeter. Die Einsetzung dieser Triade in Rom ist von großer Bedeutung, denn damit wurde die Verbindung zu Eleusis hergestellt, dem Ort der berühmtesten griechischen Mysterien, in die eingeweiht zu werden die Kaiser sich zur Ehre anrechneten und deren Fackelträger und Prozessionsführer Iakchos war.

Nachdem die Sibylle von Cumae diesen »Handstreich« verübt hatte (wie man es nennen könnte, denn

Rechts: Bronzestatue der Siegesgöttin Victoria (die Flügel sind rekonstruiert). Der Stellung ihrer rechten Hand nach zu schließen, schreibt Victoria ein wichtiges Ereignis auf einen Schild, den sie mit der linken Hand an ihren Körper hält. Ihre Statue in der Kurie führte im 4. Jahrhundert n. Chr. zu heftigen Auseinandersetzungen zwischen Christen und Heiden. Museo Civico Romano, Brescia.

Gegenüber, links: Die dem Schaum entstiegene Venus, eine im Jahre 1913 in Kyrene (Libyen) aufgefundene Statue, wahrscheinlich die Kopie einer Bronzestatue aus der Zeit kurz vor Praxiteles. Venus, eine sehr alte latinische Gottheit, die Beschützerin der Pflanzen und Gärten, wurde im 2. Jahrhundert v. Chr. mit Aphrodite gleichgesetzt. Die *Gens Julia,* die Familie des Julius Caesar, leitete ihre Abstammung nicht nur von Aeneas, sondern auch von Venus her.

Gegenüber, rechts: Im gleichen Museum eine kniende Venus, der die Liebe dient. Museo Nazionale Romano, Rom.

dadurch wurde Rom in die geheimen Kulte der Griechen eingeführt), gab sie auch später von Zeit zu Zeit die Anweisung zur Einführung weiterer griechischer Gottheiten, wenn die alten Götter dem Anschein nach versagt hatten. Auf diese Weise gelangten zum Beispiel Hermes und Poseidon nach Rom. Ein weiteres Beispiel ist der griechische Gott der Heilkunst, Asklepios, ein Sohn des Apollon, der mit latinisiertem Namen Aesculapius hieß.

Hercules und die Dioskuren wurden innerhalb der Stadt verehrt, während die Heiligtümer der später eingeführten Götter bis zum Krieg gegen Hannibal außerhalb des *pomerium,* der offiziellen Stadtgrenze, lagen, wodurch der Unterschied zwischen den *di indigetes,* den einheimischen, und den *di novensides,* den neu hinzugekommenen Göttern, gewahrt blieb; die letzteren besaßen alle ein Standbild und wurden auf griechische Art, mit entblößtem Haupt, verehrt, während die römischen Zelebranten mit verhülltem Haupt ihres Amtes walteten.

NEUE RELIGIÖSE BRÄUCHE

Im Jahre 399 wurde nach einer Seuche eine neue Form der Götterverehrung eingeführt, an der jetzt auch das Volk teilnahm. Die Sibyllinischen Sprüche befahlen ein sogenanntes *Lectisternium:* Acht Tage lang wurden mehrere latinisierte griechische Gottheiten auf einem Lager zur Schau gestellt, vor dem Tische mit Speisen und Wein standen. Das war eine willkommene Neuerung: Zeremonien im Freien waren stets beliebt. Später wurde noch eine weitere populäre Form des Gottesdienstes eingeführt, die *Supplicatio,* bei der die Bürger, einschließlich Frauen und Kinder, bekränzt und mit Lorbeerzweigen in der Hand, wie griechische Bittsteller von einem Tempel zum anderen zogen und dem jeweiligen Anlaß entsprechend entweder Bitt- oder Dankgebete sprachen. *Lectisternium* und *Supplicatio* dienten beide demselben Zweck: die Bevölkerung durfte sich auf einem Gebiet betätigen, das bisher den Priestern vorbehalten gewesen war.

Der Krieg gegen Hannibal oder der Zweite Punische Krieg von 218 bis 201, der »Krieg eines Mannes gegen eine Nation«, wie er auch genannt worden ist, markiert einen Wendepunkt in der Geschichte der römischen Religion. Angesichts der Katastrophen und Spannungen dieses Krieges schien es dem römischen Volk, als sei das *ius divinum,* die Staatsreligion, nicht mehr in der Lage, die *pax deorum,* das Wohlwollen der Götter, das den Frieden bewahrte, zu gewährleisten. Ein neues, stärkeres Heilmittel mußte versucht werden, um sicherzustellen, daß »mein Wille geschehe«. Wieder wurden die Sibyllinischen Bücher befragt, und wieder befahlen sie eine Neuerung griechischer Art. Schon um die Mitte

Oben: Die römischen Weissagungen hielten sich an etruskische Vorbilder. Auf diesem Grabfresko aus Tarquinia sind zwei etruskische Auguren dargestellt.

Rechts: Die Höhle des Heiligtums der Sibylle in Cumae, wo die Gläubigen sich einfanden, um sich weissagen zu lassen. Die Orakel wurden in Versform erteilt und waren oft bewußt vieldeutig.

Gegenüber: Römischer Tempel. Dieses nicht weit vom Ponte Rotto stehende Heiligtum ist irrtümlich als Tempel der Fortuna Virilis bekannt geworden.
Der um 100 v. Chr. erbaute Tempel stellt eines der seltenen Beispiele für die griechisch-italische Architektur dar. Er ist typisch für die römische Kunst, weil er auf einem Podest errichtet wurde und die Säulen der Kolonnade mit der Wand der *cella* verbunden sind.
Im Jahre 871 n. Chr. wurde er in eine Kirche umgewandelt (»Heilige Maria von Ägypten«) und später von der armenischen Gemeinde benutzt.

Links: Mercurius beschützte die Händler und Reisenden. Er wurde dem Götterboten Hermes gleichgesetzt. Er hält einen Heroldstab, den sogenannten Merkurstab, in der Hand und trägt einen großen Hut und geflügelte Sandalen. Bei der hier abgebildeten Figur sind die Flügel an den Hut angesetzt. Florenz, Uffizien.

des 4. Jahrhunderts hatten die Sprüche die Einführung von *ludi scenici,* szenischen Spielen, als Heilmittel gegen die Pest verlangt. Später, im 3. Jahrhundert, wurde noch eine ganz besondere Art von »Spielen« eingeführt. Diese Schauspiele, an denen zweifellos auch Gladiatoren beteiligt waren, sollten das Volk unterhalten und zerstreuen. Die Gladiatoren setzten den typisch etruskischen Brauch der Tötung von Sklaven auf den Gräbern ihrer Herren fort. Ursprünglich traten sie nur bei Bestattungen auf; offenbar hielt man es für zivilisierter, zuzuschauen, wie Menschen sich gegenseitig umbrachten, als wenn Menschen wie Tiere abgeschlachtet wurden. Die ersten Gladiatoren konnte man im Jahre 264 v. Chr. in Rom sehen.

Eine noch barbarischere und schrecklichere Art der Bußhandlung offenbar etruskischen Ursprungs bestand darin, auf dem Forum Boarium (wo die Gladiatoren zum erstenmal aufgetreten waren) einen Griechen und eine Griechin sowie einen Gallier und eine Gallierin lebendig zu begraben. Livius ist mit Recht empört über diesen Brauch, der nach seiner Meinung »kaum römisch zu nennen« sei; wie wir jedoch von Plinius, einem Schriftsteller aus dem 1. Jahrhundert n. Chr., erfahren, hatte sich der grausame Ritus bis in seine Zeit erhalten; er war selbst Augenzeuge und zitiert die Gebete, die über den Opfern gesprochen wurden.

Abgelenkt wurde die Bevölkerung auch durch Erscheinungen, die in der ganzen römischen Geschichte in so großer Zahl beobachtet wurden, daß man nur sehr schwer eine Erklärung dafür finden kann. Gemeint sind die sogenannten Prodigien oder Wunder. Dabei konnte es sich um einen vom Himmel fallenden Steinhagel, nichts Ungewöhnliches in einem vulkanischen Land, oder um Blutregen handeln, der durch den roten, vom Schirokko aus Afrika herübergewehten Sand verursacht wurde; aber auch umfallende Statuen, Tiere mit zwei Köpfen oder Vögel ohne Leber wurden als Wunder angesehen. Tatsächlich konnte fast alles, ob es sich nun um normale oder unerklärliche Vorgänge handelte, als Wunder und damit als ein Ereignis von in die Zukunft weisender Bedeutung ausgelegt werden. Besonnene Schriftsteller wie der Philosoph Plutarch oder der Soldat Ammianus führen regelmäßig ganze Listen von Wundern an, um dem Leser zu helfen, die folgenden Ereignisse besser zu verstehen. »Die Wunder aber, die sich bei seiner Geburt ereigneten, waren folgende« —

Oben: Kniende Venus. Diese Art der Darstellung war in der hellenistischen und römischen Zeit sehr beliebt: der Bildhauer lenkt die Aufmerksamkeit auf jene Körperteile, die die Göttin zu verbergen vorgibt. Rom, Vatikanische Museen.

Gegenüber, links: Diese eindrucksvolle Statue der Hestia stammt aus dem fünften vorchristlichen Jahrhundert. Hestia war die Göttin des Herdes, spielte aber sonst in der griechischen Mythologie kaum eine Rolle. Sie war das griechische Vorbild für die römische Vesta, allerdings vertrat diese den Staatsherd und nicht den einzelnen Hausherd wie Hestia. Rom, Antiquarium Comunale.

Gegenüber, rechts: Der westliche Wandelgang des Apollotempels in Pompeji mit einer Statue des Gottes. Er ist der einzige Gott, der im griechischen und römischen Pantheon nahezu denselben Namen hat (Apollon — Apollo). Der Apollo-Kult war aus Cumae, dem Sitz der Sibylle an der Nordspitze der Bucht von Neapel, nach Rom gebracht worden.

Seiten 58 und 59: Die Isola Tiberina. Diese entzückende, 300 Meter lange und 80 Meter breite Insel ähnelt in ihrem Umriß einem Lastschiff. Sie war Aesculapius (Asklepios), dem Gott der Heilkunde, gewidmet, dessen Kult 201 v. Chr. in Rom eingeführt wurde. Auf ihr steht immer noch ein Krankenhaus. Weil sie vom fließenden Wasser des Stromes umspült wurde und die Luft auf ihr frisch war, schätzten die Bewohner der stinkenden, engen Gassen Roms ihre therapeutischen Eigenschaften.

Oben: Die Sibylle von Cumae, wie sie Michelangelo auf der Decke der Sixtinischen Kapelle (1508—1512) dargestellt hat.

Oben, Mitte: Artemis, die jungfräuliche Jägerin, der Diana in der römischen Mythologie entsprechend. Diese berühmte, als Artemis von Versailles bekannte Statue stellt wahrscheinlich die Kopie eines Originals aus dem 4. Jahrhundert v. Chr. dar; vielleicht ist sie ein Werk des Leochares.

Oben rechts: Cupido wurde dem Eros gleichgesetzt, dem Sohn der Aphrodite. Diese Statue von ihm ist eine Kopie eines Originals von Lysippos (4. Jahrhundert v. Chr.). Sie zeigt ihn so, wie die Dichter ihn geschildert haben, als den geflügelten Knaben mit dem Bogen. Museo del Palazzo dei Conservatori, Rom.

Gegenüber, oben: Die römischen Götter waren oft unterwegs, entweder zu einem Lectisternium oder zu Zirkusspielen. Dabei wurden sie — wie auf diesem Relief — in einem Wagen transportiert. London, British Museum.

Gegenüber, unten: Cybele, die Große Mutter, die auf Geheiß der Sibyllinischen Bücher im Jahre 204 v. Chr. nach Rom gebracht wurde. Sie wird meist, wie auch hier, mit einer Turmkrone und von Löwen flankiert dargestellt.

Rechts: Dieses Fresko zeigt eine Gruppe von Kindern, die der Diana, der römischen Artemis, opfern. Es erinnert an die einzigartige Gruppe von Miniaturstatuen kleiner Mädchen, Verehrerinnen der Artemis, die in Brauron, dem berühmten Heiligtum der Artemis in Attika, entdeckt worden ist. Rom, Vatikanische Museen.

66
VIRIVS
MARCARIANVSVCDEAMCYBEBENPS

mit diesem Satz sind alle Leser der römischen Historiker vertraut.

Es erstaunt nicht, daß die Römer bei solchen Schauspielen wie den Begräbnissen lebendiger Menschen und bei ihrer grenzenlosen Wundergläubigkeit die *gravitas,* den Sinn für Würde und Disziplin, verloren. Aber es sollten auch höher zu bewertende Neuerungen eingeführt werden. Zum einen ordneten die Behörden eine Zeremonie an, die *Lectisternium* und *Supplicatio* verband und bei der zwölf Götter, römische und griechische, zur Schau gestellt wurden. So wurde zum erstenmal der Unterschied zwischen »einheimischen« und »fremden« Göttern verwischt. Diese Entscheidung stellte einen echten Wendepunkt dar: von nun an war die Religion von Rom nicht mehr römisch, sondern griechisch-römisch.

DIE GROSSE MUTTER

Im Jahre 205 vollzog sich eine so radikale Abwendung von der bisherigen Tradition, daß man, auch wenn man die Verbindung der Sibylle mit Asien berücksichtigt, kaum eine Erklärung dafür findet, es sei denn, man nimmt an, daß damals die orientalischen Einflüsse sowohl in Griechenland als auch in Rom bereits viel stärker waren, als man allgemein vermutet. Nach einem ungewöhnlich starken Steinhagel gaben die Sibyllinischen Bücher, als sie zum letztenmal in jenem Jahr befragt wurden, die erstaunliche Antwort, daß Hannibal, der, wenn auch geschlagen, immer noch in Süditalien auf freiem Fuß war, das Land verlasse, wenn man die Große Mutter nach Rom bringe. Die Große Mutter aber kam aus Asien. Sie wurde in dem Ort Pessinus in Galatien, nicht weit vom heutigen Ankara, verehrt. Im April des folgenden Jahres wurde die Große Mutter, oder Cybele, wie man sie auch nannte, nach Rom geholt, und zwar in Gestalt eines schwarzen Meteorsteins. König Attalus I. von Pergamon hatte den heiligen Stein, der bei den Einheimischen als die Große Mutter galt, bereitwillig den römischen Gesandten ausgehändigt, weil er es mit Recht für klüger hielt, es mit Cybele anstatt mit den Römern zu verderben. Das Orakel von Delphi hatte ebenfalls günstige Auskunft erteilt, und auch der große Scipio selbst hatte das Vorhaben unterstützt.

Als die Göttin in Ostia, dem Hafen von Rom, eintraf, ging Scipio an Bord, um sie zu empfangen, dann wurde sie von den vornehmsten Matronen Roms, die stolz auf diesen sichtbaren Beweis ihrer Verbindung mit dem Lande Trojas waren, auf den Palatin getragen, wo sie im Tempel der Victoria aufgestellt wurde. Dieser Tag, der 4. April, wurde fortan mit den *ludi megalenses* festlich begangen (*megale* ist die weibliche Form des griechischen Adjektivs mit der Bedeutung »groß«). Die vornehmen Familien, immer eingedenk ihrer trojanischen Abstammung, grün-

Oben: Dieses berühmte Fresko aus Pompeji stellt eine Initiation in die Mysterien des Dionysos dar. Die Bräute werden in sichtlich spannungsgeladenen Episoden eingelassen. Die Gestalt rechts ist die des Silenus-Satyr, der oft wild, roh und betrunken dargestellt wird. Aber hier ist Silenus »würdevoll, erleuchtet und musikalisch«. *(Oxford Classical Dictionary,* S. 797)

Gegenüber: Liber Pater (Dionysos) mit seiner Gemahlin Libera. Er war ein Gott der Fruchtbarkeit und des Weines; sein Fest wurde hauptsächlich auf dem Lande gefeiert; dabei maskierte man sich, sang derbe Lieder und gab sich ausgelassenen Vergnügungen hin. Aus Djemila in Algerien, 2. oder 3. Jahrhundert n. Chr.

Gegenüber, oben: Bacchantinnen, die ihren Gott in der Gestalt eines Stieres verehren. Rom, Vatikanische Museen.

Gegenüber, unten links: Die Satyrn verloren allmählich ihre Bocksattribute und wurden — wie dieser junge Tänzer — als Menschen dargestellt. Paris, Louvre.

Gegenüber, unten rechts: Eine alte, dem Bacchus verfallene Frau umklammert den Weinkrug, der ihr schon so lange Trost spendet. Diese Statue wird für die Kopie einer Bronzefigur des griechischen Bildhauers Myron gehalten. Museo del Palazzo dei Conservatori, Rom.

Rechts: Dionysos (in Rom = Bacchus) wird gewöhnlich als der ewig junge Gott des Weines und der Fröhlichkeit dargestellt, als der Liberator (Befreier), der die Freuden des Orients nach dem Westen brachte. Er gelangte durch Kriegsgefangene aus Etrurien oder Magna Graecia nach Rom. Der Senat verbot die Bacchanalien, aber Bacchus war gekommen, um zu bleiben. Dieses Relief aus Herculaneum zeigt ihn mit seinen Attributen, dem von einem Pinienzapfen gekrönten Thyrsosstab und dem Panther, auf dem er zuweilen auch reitet. Museo Archeologico Nazionale, Neapel.

Oben: Venus ist eine alte römische *numen*, die aus den Wellen auftauchte und später mit Aphrodite identifiziert wurde. Der Sage nach befindet sich ihr Geburtsort in der Nähe von Paphos auf Zypern, das auf diesem Bild zu sehen ist.

Gegenüber: Hermes, mit dem der römische Merkur im allgemeinen gleichgesetzt wird. Diese berühmte und schöne Statue des ruhenden Himmelsboten stammt aus der Villa der Papyri in Herculaneum. Sie befindet sich jetzt im Archäologischen Nationalmuseum in Neapel. Antike Bronzestatuen sind selten, weil im Mittelalter die Kunst, die erforderlichen Metalle zu schmelzen, verlorengegangen war und daher alle verfügbaren Bronzegegenstände in den Schmelztiegel wanderten. Museo Archeologico Nazionale, Neapel.

Rechts: Dionysos. Auf dieser goldgefaßten Sardonyx-Kamee aus Tunis ist die Geburt des Dionysos dargestellt. British Museum, London.

Links: Beim Triumphzug des Bacchus konnte es recht ausgelassen zugehen, wie auf diesem Fries an einem Sarkophag zu sehen ist: hier sind bockfüßige Satyrn, ein Kentaur, tolle Bacchantinnen und der alte Silen mit seinem Esel dargestellt. Musée Archeologique, Sousse.

Gegenüber, oben: Die kleinen (ländlichen) Dionysien waren ein Weinlesefest. Dieses Terrakottarelief aus Cerveteri stellt eine Weinlesefeier zu Ehren des Dionysos dar. Zwei Satyrn mit Rehfellen auf den Schultern tanzen zur Musik eines Flötenspielers, während ein Gefährte einen Korb voll Trauben herbeibringt.

Oben: Bronzekopf des Dionysos aus Herculaneum.

Oben links: Bronzefigur des Silenos aus Pompeji. Die Silene gehörten zu den Begleitern des Dionysos.

Unten: Der Raub der Proserpina (oder Persephone) durch Pluto war ein Thema, das Dichter und Künstler seit Ovid immer wieder behandelt haben. Diese außerordentlich wirkungsvolle Gruppe schuf Gian Lorenzo Bernini im Jahre 1622, als er vierundzwanzig Jahre alt war. Galleria Borghese, Rom.

Oben: Diese zwitterhafte Statue des Attis, der seiner Männlichkeit beraubt ist, stammt aus Ostia. Attis war der Gemahl der Großen Mutter. Die Strahlenkrone läßt auf eine Verwandtschaft mit dem Mithraskult schließen, in den tatsächlich einige Elemente der Religion der Großen Mutter aufgenommen wurden. Vatikanische Sammlungen, Rom.

deten Bruderschaften, die dem Patronat der Schutzgöttin ihres »Heimatlandes« unterstellt wurden. Im darauffolgenden Jahre verließ Hannibal, genau wie die Sibyllinischen Bücher es prophezeit hatten, Italien, um nie mehr zurückzukehren.

Die Große Mutter war die erste orientalische Gottheit, die in Rom eingeführt wurde, und die letzte, die man nach Anweisung der Sibyllinischen Bücher übernahm. Mit ihr kamen ihr Gefährte Attis und dessen Anhänger. Zu dieser Zeit wußten wahrscheinlich nur wenige Römer von den orgiastischen Feiern, die von den kastrierten Priestern zu Ehren der Göttin und des Attis abgehalten wurden; diese rituellen Handlungen wurden aber bald bekannt, und der Senat verbot allen römischen Bürgern, daran teilzunehmen. Nur zwanzig Jahre später mußte der Senat die Bacchanalien verbieten, die durch Kriegsgefangene aus Etrurien und Magna Graecia in Rom bekanntgeworden waren und sich unter den jungen Leuten in beängstigendem Maße ausgebreitet hatten. Der Senat verbot den Bacchuskult nicht nur in Rom, sondern ergriff auch die

beispiellose und willkürliche Maßnahme, die latinischen Verbündeten Roms in ihren Gebieten zum Erlaß ähnlicher Verbote zu zwingen.

Diese Beschränkungen mögen vorübergehend einigen Erfolg gehabt haben, aber die Schranken waren gefallen. In Zukunft sollten die entscheidenden Anregungen für die römische Religion aus dem Orient kommen, aus Asien und Ägypten, eine Entwicklung, die in der Einführung des Judentums und des Christentums gipfelte, die beide ursprünglich orientalische Religionen waren. Vielleicht fand die Bevölkerung in den gefühlsbetonten orientalischen Bräuchen die Befriedigung und Erlösung, nach der es sie in steigendem Maße verlangte; speziell griechisches Gedankengut sollte auf die römische Kultur noch einen entscheidenden Einfluß ausüben. Die Annäherung der römischen Gottheiten an die entsprechenden griechischen führte nicht nur zu der Übernahme griechischer Sagen und Mythen, wodurch der Mangel an römischen Mythen ausgeglichen wurde, sondern brachte den Römern auch die griechische Philosophie nahe. Die griechische Philosophie wurde zur Religion des gebildeten Römers.

Der gebildete Römer, der allen Glauben an die alte Religion verloren hatte, fühlte sich temperamentsmäßig wenig zu den Religionen hingezogen, die aus dem Orient kamen. Statt dessen fand er Trost in der griechischen Philosophie, dem letzten Vermächtnis des antiken Hellas.

Unten: Neptun, den die Römer dem Poseidon anglichen. Der Dreizack war das bevorzugte Gerät beim Thunfischfang, der wichtigsten Art der Fischerei im Mittelmeer. Die Peitsche in seiner rechten Hand erinnert daran, daß Poseidon auch als der Rossebändiger galt. Rom, Vatikanische Museen.

Epikureer und Stoiker

Dafür, daß wir uns etwas mit griechischer Philosophie beschäftigen wollen, gibt es zwei Gründe. Einmal hatte sie, besonders eine ihrer Schulen, einen starken Einfluß nicht nur auf das römische Geistesleben allgemein, sondern speziell auf die römische Ethik, zum andern wurden die ethischen Anschauungen dieser Schule zu einem großen Teil in die christliche Lehre übernommen, so daß sie bis zum heutigen Tage einen Bestandteil der religiösen Überlieferung Roms bilden.

ATHENISCHE PHILOSOPHIE

Wir sind immer geneigt, die griechische Philosophie in erster Linie mit Athen in Verbindung zu bringen, und das nicht ohne Grund, denn im 3. Jahrhundert v. Chr. hatte sich Athen zum Mittelpunkt der philosophischen Welt entwickelt. Die ersten griechischen Philosophen stammten jedoch nicht aus Athen oder auch nur vom griechischen Mutterland, sondern aus Kleinasien, genauer gesagt aus Ionien und den vorgelagerten Inseln. Diese Philosophen gehörten zu den großen Pionieren des menschlichen Geistes, denn sie waren die ersten, die das Universum mit rationalen Mitteln zu erklären versuchten. Schon im 7. Jahrhundert v. Chr. verwarfen sie die Mythen von Göttern und Göttinnen, obwohl so viele dieser Geschichten von dem Ionier Homer verewigt worden waren. Die ionischen Philosophen suchten nach einem erklärlichen, wenn auch nicht beweisbaren Urgrund des Seins. Sehr oft waren sie Materialisten. Es müsse doch, so argumentierten sie, einen Urstoff geben, aus dem die Welt entstanden sei. Einer nannte zum Beispiel das Wasser, ein anderer das Feuer und das ewige Werden und Vergehen (»Alles fließt«). Leider besitzen wir so gut wie nichts von den Schriften dieser Philosophen, deren Bedeutung weniger in ihren Antworten auf die ewigen Fragen liegt als vielmehr darin, daß sie die ersten waren, die diese Fragen überhaupt stellten.

Eine Neuerung bedeuteten die Theorien des Demokrit, denen eine große und dauerhafte Wirkung beschieden war. Demokrit von Abdera (der Ort liegt in Ost-Makedonien, Demokrit gehört aber trotzdem zur Ionischen Schule) trug seine Lehre von den Atomen vor. Danach besteht alle Materie aus *atoma,* aus kleinsten, unteilbaren Partikeln. Demokrits Theorie war natürlich rein spekulativ wie die meisten griechischen Theorien. Nur selten wurde der Versuch unternommen, die Theorien auf experimentellem Wege zu beweisen, denn nur wenige Griechen waren an ihrer praktischen Anwendung interessiert. Nur auf den Gebieten der Medizin und der Astronomie machten die Griechen der hellenistischen Zeit »praktische« Versuche und erzielten in diesen beiden Sparten, besonders in der Astronomie, erstaunliche Erfolge. Demokrits rein spekulative Theorie ist trotzdem von großer Bedeutung, weil sie Epikur und durch ihn einen der größten Dichter aller Zeiten, Lucretius, beeinflußte.

Die Philosophen, die den Geist, nicht die Materie, für den Grund des Seins hielten, sind aus einem anderen Grund bedeutsam: sie übten den stärksten Einfluß auf Athen aus, als es zur Zeit des Perikles auf dem Höhepunkt seiner Macht und seines Ruhmes stand. Perikles war ein überzeugter Anhänger dieser neuen Philosophie des beherrschenden Geistes und ihrer Exponenten, vor allem seines Lieblingsphilosophen Anaxagoras von Milet. Diese Idee einer Weltherrschaft der Vernunft setzte sich in Athen durch. Sie beeinflußte Plato und spätere Philosophen einschließlich der Stoiker.

Aus der Apostelgeschichte wissen wir, daß Paulus in Athen mit Epikureern und Stoikern debattierte. Sie hatten sich schon lange zuvor als Philosophenschulen etabliert, und sie waren es auch, deren Einfluß sich in Rom geltend machte. Ihre Lehren wollen wir kurz untersuchen.

Die Eroberungen Alexanders kennzeichnen einen der unbestreitbaren Wendepunkte der Geschichte. Die Grundlagen des Denkens, die Basis der gesamten politischen Ordnung in Athen und in manchem anderen griechischen Gemeinwesen, der Stadtstaat, existierte nicht mehr und war durch einen Vielvölkerstaat ersetzt worden, dessen politische Organisation über die Grenzen der einzelnen Staaten hinausreichte. Die politischen und ethischen Schriften des Aristoteles (Alexanders Lehrer) waren in gewisser Weise veraltet, kaum daß er sie vollendet hatte. Für Aristoteles wie für Plato war es ein Axiom, daß das »gute Leben«, das heißt Glück im höchsten Sinne, nur solchen Menschen erreichbar sei, die eine aktive Rolle im Leben der Gesellschaft spielten — wobei er unter Gesellschaft den kleinen, unabhängigen Staat, die *polis,* verstand. Da in der nachalexandrinischen Zeit diese Gesellschaft nicht mehr bestand, suchten die Menschen nach neuen Vorbildern.

Sie fanden sie in der Philosophie. Die Philosophen waren in dieser Epoche nicht mehr an metaphysischen Abstraktionen interessiert, sondern sie versuchten, ethische Leitbilder zu schaffen. Für Cicero, der im 1. Jahrhundert v. Chr. schrieb, dabei aber die Lehren des dritten im Auge hatte, ist die Philosophie »die Kunst der Lebensführung«, die »Erziehung oder Heilung der Seele«. Plutarch nannte sie im folgenden Jahrhundert »die einzige Medizin für seelische Krankheiten«. C. F. Angus faßt in der *Cambridge Ancient History* (VII; 231) die Sachlage sehr treffend wie folgt zusammen: »Die Metaphysik tritt in den Hintergrund, und die Ethik, die sich jetzt auf den individuellen Menschen bezieht, erlangt größte Bedeutung. Die Philosophie ist nicht mehr die Feuersäule, die vor einigen unerschrockenen Wahrheitssuchern hergeht, sondern eher eine Ambulanz, die den Spuren des Existenzkampfes folgt und die Schwachen und Verwundeten aufliest.«

Individuelle menschliche Bedürfnisse wurden vor allem von zwei Philosophenschulen, den Epikureern und den Stoikern, angesprochen.

EPIKUR

Epikur wurde im Jahre 341 v. Chr. geboren; seine Eltern waren Athener, und er lebte bis zu seinem einundzwanzigsten Lebensjahr mit seinem Vater auf Samos; dann wurden die athenischen Siedler von einem der Generäle Alexanders von der Insel vertrieben. Nachdem er daraufhin fünfzehn Jahre lang als heimatloser Flüchtling gelebt hatte, ging er nach Athen, wo er sich niederließ und in einem Garten am Rande der Stadt seine Schule begründete. Hier lehrte er, in glücklicher Abgeschiedenheit, bis zum Ende seines Lebens; er starb im Jahre 271. Er war zur Freundschaft geboren, und seine Schüler, darunter Frauen und Sklaven, waren ihm treu ergeben.

Epikurs philosophisches System gründete sich auf Demokrits Lehre von den Atomen, wenn er auch selbst diese Anleihe bei seinem Vorgänger nie zugab. Diese Lehre besagte, daß alle Materie aus unzähligen kleinen Atomen besteht, die auf parallelen Bahnen dahinfließen, wobei nur ab und zu einige Atome von ihrer Bahn abweichen und dadurch neue Kombinationen schaffen. Auf diese Weise soll auch unser Universum entstanden sein. Die Lehre von der Abweichung der Atome wird unterschiedlich erklärt. Cicero meint, Epikur sei plötzlich auf die brillante Idee verfallen, daß, wenn nicht hin und wieder ein Atom von seiner Bahn abwiche, überhaupt nichts geschaffen werden könnte — die Atome würden dann für alle Zeiten durch den Raum wirbeln, ohne jemals zusammenzustoßen oder sich zu verbinden. Die allgemein anerkannte Erklärung scheint jedoch gewesen zu sein, daß die Theorie sich unmittelbar aus der Erfahrung ableite. Wir wissen, daß es ein Universum gibt, und deshalb müssen die Atome zusammengestoßen sein, um es zu schaffen. Wir wissen, daß wir einen freien Willen haben, und dieser muß, wie alles andere, ebenfalls ein Produkt der Atome sein. Also weichen die Atome hin und wieder ab; die Erfahrung kann dies nicht widerlegen, weil niemand beweisen kann, daß sie es nicht tun.

So ist die Entwicklung aller Dinge ein rein natürlicher, materieller Vorgang, der nichts mit Göttern zu tun hat. Götter mag es geben, aber sie sind ferne Wesen, die sich nicht im geringsten um den Menschen kümmern. Daraus folgt, daß jede Vorstellung von einer Unterwelt oder einer Bestrafung durch die Götter töricht ist. Auch gibt es keinen Himmel, in den man nach dem Tode gelangt. »Deshalb bedeutet uns der Tod, der König der Schrecken, nichts, denn solange wir existieren, ist der Tod nicht gegenwärtig, und wenn der Tod da ist, sind wir nicht mehr.«

Dennoch, so schreibt Epikur, sei es besser, den Göttermärchen zu folgen, als ein Sklave des wissenschaftlichen Determinismus zu werden. Das eine schließe die Hoffnung ein, man könne die Götter versöhnen, indem man sie verehre, während das andere auf die Anerkennung einer unerbittlichen Notwendigkeit hinauslaufe.

Es war eine Philosophie der Flucht vor der Wirklichkeit. Der wahre Epikureer konzentrierte sich darauf, die *ataraxia* zu erlangen, die innere Ruhe, den Seelenfrieden, die unerschütterliche Gelassenheit. Er hielt sich vom öffentlichen Leben fern (welch eine

Veränderung gegenüber den Lehren von Aristoteles und Plato!) und entsagte allen Leidenschaften.

Edle Naturen mochten in dieser Philosophie einen Wegweiser zu einem kontemplativen Leben finden, aber für die einfachen Gemüter der großen Masse schien sie eher die logische Rechtfertigung eines zügellosen Lebens zu liefern. Um so bedauerlicher war es, daß das Epikureertum gerade zu der Zeit Rom erreichte, als Materialismus und sexuelle Exzesse bei den jungen Leuten um sich griffen. Die Römer neigten dazu, die Lehre Epikurs zu entwürdigen und zu mißbrauchen; so gaben sie dem Wort »Epikureer« den abschätzigen Beiklang, den es heute noch hat. Unter den Anhängern der epikureischen Lehre befanden sich jedoch auch zwei der größten Dichter Roms, Horatius und Lucretius, dessen episches Lehrgedicht »Vom Wesen der Dinge« das bedeutendste Werk seiner Art überhaupt darstellte und der neben Vergil viele spätere Dichter beeinflußte.

ZENON

Ganz anders waren Herkunft und Einfluß von Epikurs Zeitgenossen Zenon, dem Begründer des Stoizismus. Zenon war kein Grieche. Er war der Sohn eines phönizischen Kaufmanns aus Kition auf Zypern und kam im Jahre 314 v. Chr. als mittelloser Schiffbrüchiger nach Athen. Er ging von Piräus nach Athen hinauf, wo er verdrossen einen Buchladen betrat und zu stöbern begann, um nicht mehr an sein Unglück denken zu müssen. Eines der Bücher, die er in die Hand nahm, waren Xenophons *Erinnerungen an Sokrates.* Zenon war von dem Buch begeistert, mehr noch, er beschloß auf der Stelle, sich selbst mit Philosophie zu beschäftigen. »Wer ist heute euer größter Philosoph?« fragte er den Buchhändler. »Krates — er ist gerade vorbeigegangen«, war die Antwort. Zenon rannte hinaus, holte Krates ein und bat ihn, sein Schüler werden zu dürfen. Krates war bereit, ihm eine Chance zu geben, und nach einer Reihe demütigender Prüfungen nahm er ihn als Schüler auf. Dreizehn Jahre lang saß Zenon Krates und anderen Philosophen zu Füßen, dann begann er selbst als Lehrer zu wirken.

Da er kein Geld hatte, um einen Raum zu mieten, lehrte er in der berühmten Bunten Halle, der Stoa am nördlichen Ende der Agora, auf deren Wandgemälden Polygnot die Niederlage der Perser dargestellt hatte. Daher wurden seine Schüler Stoiker genannt. Wie Epikur war auch Zenon sehr beliebt; die Athener ließen ihm Ehrungen zuteil werden und vertrauten ihm sogar die Schlüssel der Stadt an.

Zenon war Semit, und das Kennzeichen aller semitischen Lehren, von Jesaja bis Mohammed, ist der kompromißlose Glaube an eine ewige Ordnung, verbunden mit einer Unnachsichtigkeit gegenüber dem Unvollkommenen, die fast schon dem Gefühl eigener Sündhaftigkeit gleichkommt. In den Augen eines Stoikers gab es nichts Zufälliges im Universum: es wurde gelenkt durch ein unveränderliches Gesetz, das man nicht übertreten durfte. Es war in erster Linie diese Betonung der Gesetzesherrschaft, die die Stoa den disziplinierten Römern nahebrachte. Ein weiser Mann ist derjenige, der das Böse vom Guten unterscheiden und sich entsprechend verhalten kann. In ihrer physikalischen Lehre griffen die Stoiker auf Heraklit zurück und postulierten das Feuer als den Urgrund des Seins. Das Feuer wurde auch Vernunft oder Gott genannt.

Zenons Originalität bestand nun darin, daß er den intellektuellen *logos* der Sokratiker, das heißt das Prinzip, das das menschliche Denken und Handeln lenkt, zu dem materiellen *logos* Heraklits in Beziehung setzte. So ist die Vernunft, die den Kosmos beherrscht, dieselbe Vernunft, die auch in unseren Herzen wohnt und unser Leben beherrscht. Deshalb ist das Gesetz des Universums auch das Gesetz unserer eigenen Natur, und wir können uns nur dann selbst verwirklichen, wenn wir uns dem göttlichen Willen unterwerfen; in dieser Unterwerfung liegt die vollkommene Freiheit beschlossen. Diese Lehre ist rein semitisch und ganz ungriechisch, denn für den Griechen war der *Mensch* das Maß aller Dinge.

Diese Theorie führte zu einer Art kosmopolitischer Auffassung vom Menschen, die sich auf die Logik gründete. Seneca, der große römische Vertreter der Stoa, schrieb im 1. Jahrhundert n. Chr.: »Jeder von uns hat zwei Vaterländer; das eine ist das Land, in dem er zufälligerweise geboren wurde, das andere ein Reich, in dem die Sonne nie untergeht.« Die Epikureer leugneten die Vorsehung. Für die Stoiker war sie die Herrscherin der Welt. Große Teile der stoischen Lehre wurden später in die christliche übernommen.

Wie zwei moderne englische Gelehrte festgestellt haben, ist der römisch-katholische Dichter Alexander Pope

Gegenüber: Marmorfigur von Cupido und Psyche aus dem Hause von Cupido und Psyche in Ostia.

merkwürdigerweise der beste Interpret des religiösen und metaphysischen Aspekts des Stoizismus. Aber vielleicht ist das gar nicht so merkwürdig: Wie wir bereits festgestellt haben, hat das Christentum viel vom Stoizismus übernommen, und in seinem *Essay on Man* gibt Pope den modischen Deismus des 18. Jahrhunderts wieder, der aus dieser Philosophie hervorgegangen ist.

Sie aber halten sich durch zarter Eintracht Seile
Vereiniget empor. Der Leib ist die Natur.
Was ist die Seele? Gott. Gott, seine nahe Spur
Im Weltstoff sichtbar wird. Er, immerfort derselbe,
In allem Wechsel groß, und groß im Lustgewölbe,
Und groß im Erdenstaub, erscheinet überall;
Erfrischet in dem West, erhitzt im Sonnenstrahl,
Treibt Strahlen in dem Stern, treibt Blüten in dem Baume,
Lebt im Lebendigen, verbreitet sich im Raume.
In ihm, der allen Raum vereint, durchdringt, umfließt.
Hat alles seinen Grund und lebt und webt und ist.
Auf ewig unerschöpft, und immerdar ergossen,
Macht seine Seligkeit die Welt zu Mitgenossen;
Und über alles hoch, unteilbar stets in sich,
Teilt er sich allem mit, und bleibt. Er bildet dich;
Er atmet in der Brust. Zu gleichem Preis erhöhet,
Ob unter seiner Hand ein kriechend Moos entstehet,
Ob unter seiner Hand der Ulm den Wuchs beginnt;
Sowohl im Erdensohn, wann seine Träne rinnt,
Als in dem Seraphim, wann er emporgeschwungen
Ihn anzubeten eilt, von Dankbarkeit durchdrungen.
Ihm ist nichts hoch, nichts tief, nichts groß und auch nichts klein;
Vor ihm ist alles gleich. Er schränket alles ein.
Laß demnach endlich ab, den Himmel zu bestreiten,
Und achte das nicht mehr für Unvollkommenheiten,
Was wirklich Ordnung ist. Dein Wohl hängt ab von dem,
Was dir verwerflich scheint. Du rechtest; und mit wem?
Erkenne deinen Punkt und deines Umfangs Fläche,
Den abgemeßnen Grad an Blindheit und an Schwäche,
Den dir die Güte gab. Ergib dich — sieh es ein,
Hier oder anderswo wirst du so glücklich sein,
Als du es fähig bist: durch allen Raum der Zeiten,
Im Leben und im Tod wird dich die Vorsicht leiten:
Mit ewigem Vertraun gib dich in ihre Hand.
Die sämtliche Natur ist Kunst, dir unbekannt.
Das Durcheinandergehen der blind genannten Fälle,
Nicht eingesehn von dir, ist vorbestimmt und helle,
Wo jenes Auge wacht. Der Mißstand und der Streit
Ist wahre Symmetrie, und alles Einigkeit.
Und alles ist ein Gut des Ganzen, was in Teilen
An sich ein Übel ist. Trotz deinem Übereilen,
Trotz deinem frechen Stolz, undankbares Geschlecht,
Bleibt eine Wahrheit klar: Was ist, ist alles recht.

PANAITIOS

Die ersten Kenntnisse über den Stoizismus wurden den Römern von Panaitios übermittelt. Er stammte von der Insel Rhodos, war also Bürger eines griechischen Staates, zu dem Rom, trotz seiner immer stärker werdenden imperialistischen Politik auf Kosten der Hellenen, immer gute Beziehungen unterhalten hatte. Panaitios war ein überzeugter und beredter Stoiker und wurde während seines Aufenthaltes in Rom in den Kreis um die Scipionen aufgenommen. Publius Cornelius Scipio Aemilianus, geboren im Jahre 185, war ein Mann von hohen geistigen Fähigkeiten. Als Sohn des Aemilius Paullus, der Perseus von Makedonien besiegt hatte, war er von der Familie der Scipionen adoptiert worden und hatte die Freundschaft des Polybios, eines griechischen Diplomaten und Historikers, gewonnen, der dem vornehmen Hause bereits angehörte. Polybios behandelte den jungen Scipio (wie er jetzt hieß) wie seinen eigenen Sohn, und dieser betrachtete den genialen Historiker als seinen Vater. Sie blieben ihr Leben lang Freunde, und zu ihrem gesellschaftlichen Zirkel gehörte die Elite Roms.

Es war nur natürlich, daß Panaitios in dieser bereits philhellenischen Familie, die griechisch sprach, griechisch schrieb und vielfältige persönliche Verbindungen zu Griechenland hatte, bereitwillig aufgenommen wurde und daß er wie Polybios die persönliche Freundschaft des Scipio gewann. Um Warde Fowler zu zitieren: »Von Panaitios sollten Scipio und seine Freunde vieles Aufschlußreiche über eine geistvolle neue Auffassung vom Platz des Menschen im Universum und von seinem Verhältnis zu der sich darin offenbarenden Macht erfahren.« Das bedeutete eine nie dagewesene Ausweitung des religiösen Bewußtseins der Römer.

Gleichzeitig wurde Panaitios klar, daß der reine Stoizismus, in dem er aufgewachsen war, für römische Zwecke würde modifiziert werden müssen: Zum einen hatte Zenon zu einer Zeit gelehrt, da der griechische Stadtstaat im Untergang begriffen war, wohingegen Rom, noch immer ein Stadtstaat, sich zusehends zu einer Großmacht entwickelte. Politik und politische Theorie mußten deshalb wesentliche Bestandteile eines jeden Systems sein, das den Römern als Richtschnur dienen sollte. Zum anderen waren die Römer praktische Menschen ohne allzuviel Interesse für theoretische Spekulationen in irgendeiner Form. Der Akzent mußte deshalb auf die Pflichten des Normalbürgers und auf die Notwendigkeit, im Einklang mit den natürlichen Gegebenheiten zu leben, gelegt werden.

Panaitios änderte das System ab und machte die nötigen Zugeständnisse, deshalb fand seine Lehre Gnade vor den Augen der Römer. Cicero geht in vielen seiner philosophischen Schriften von jener Form des Stoizismus aus, den Panaitios vertrat und der den Gegebenheiten Roms angepaßt worden war.

Das bedeutete einen großen Sieg für das griechische Denken. Die Römer hatten sich gegenüber den ersten griechischen Philosophen, die sie kennenlernten, nicht gerade freundlich verhalten. Im Jahre 173 v. Chr. waren zwei epikureische Philosophen aus der Stadt gewiesen worden; achtzehn Jahre später waren einige hervorragende Philosophen aus Athen in diplomatischer Mission nach Rom gekommen, aber sie hatten kaum angefangen, ihre Ideen darzulegen, als man sie bat, die Stadt wieder zu verlassen. Um so glückhafter war die Verbindung zwischen Panaitios, Polybios und Scipio — ein Fanal war entzündet worden.

Der Stoizismus ist ein frostiger Glaube; nie hätte er Horatius trösten oder Lucretius inspirieren können, aber er sollte im 1. Jahrhundert n. Chr.

zur gedanklichen Richtschnur für Seneca werden und im 2. Jahrhundert zwei seiner berühmtesten Vertreter hervorbringen, einen Sklaven, Epiktet, und einen Kaiser, Mark Aurel. Der Stoizismus bereitete den Weg für eine Universalreligion, und der Apostel Paulus konnte bei der Verkündigung dieser Religion eine stoische Hymne zitieren. Dem Stoizismus fehlte jedoch, wie allen puritanischen Religionen, ein echter Enthusiasmus für den Menschen als solchen. Wenn der Stoizismus so auch nicht die Grenzen überschreiten konnte, die in seinem Wesen begründet lagen, bedeutete die Beschäftigung mit ihm doch einen großen Fortschritt in der geistigen Entwicklung Roms.

Römische Urne. Der Adler auf dem Deckel symbolisiert die Hoffnung, daß der Verstorbene in den Himmel aufsteigen werde. Syrakus, Museo Nazionale.

Sehnsucht nach Unsterblichkeit

Trotz ihrer wesensmäßigen Grenzen sollte diese Philosophie den Römern eine erste Ahnung des Erhabenen vermitteln. Wir dürfen uns hier nicht von der Rückschau blenden lassen, das heißt, wir dürfen die geistigen Errungenschaften im republikanischen Rom nicht mit denen im Rom der Apostel, der Märtyrer und Heiligen vergleichen. Vielmehr müssen wir versuchen, das Rom des 1. Jahrhunderts v. Chr. von einem strikt vorchristlichen Gesichtspunkt zu sehen.

Um den Gegenstand unserer Betrachtung in den richtigen Blickwinkel zu rücken, wollen wir nochmals die überlieferte, offizielle Religion betrachten, wie sie sich uns in den letzten Tagen der Republik darstellt. Die beste Beschreibung findet sich in Jérôme Carcopinos schon klassisch zu nennendem Werk *So lebten die Römer während der Kaiserzeit.* Er berichtet über das 2. Jahrhundert n. Chr., aber seine Analyse trifft auf eine frühere Epoche genauso zu; so starr war das *ius divinum* der Römer schon zu so früher Zeit geworden.

»Das römische Pantheon bestand noch immer, offenbar unveränderlich, und die Zeremonien, die jahrhundertelang an den vorgeschriebenen Tagen von den Priestern gemäß ihren heiligen Kalendern vollzogen worden waren, wurden noch immer in Übereinstimmung mit den überlieferten Bräuchen zelebriert. Aber die Menschen hatten sich innerlich von der alten Religion abgewandt; sie beherrschte noch ihren Gottesdienst, nicht mehr ihre Herzen und ihren Glauben. Mit ihren farblosen Göttern und Mythen, bloßen Fabeln, die aus Einzelheiten der lateinischen Topographie zusammengesetzt oder blasse Erinnerungen an die Abenteuer der Olympier in der griechischen Epik waren, mit ihren Gebeten, die in der Sprache juristischer Verträge abgefaßt und genauso trocken wie eine Gerichtsverhandlung waren, mit ihrem Mangel an metaphysischer Wißbegier und ihrer Gleichgültigkeit gegenüber moralischen Werten, mit der Begrenztheit ihres Wirkungsbereiches, der auf die Interessen der Stadt und die Entwicklung der praktischen Politik beschränkt blieb — mit all diesen Unzulänglichkeiten ließ die römische Religion den Glauben in bloßem Utilitarismus erstarren. Sie reichte bestenfalls aus, um einem Soldaten die Angst vor den Gefahren des Krieges oder einem Bauern die vor den Unbilden der Witterung zu nehmen, aber ... ihre Macht über die Herzen der Menschen hatte sie verloren.«

CICERO

Vor diesem Hintergrund erscheint die Philosophie Ciceros und seinesgleichen als um so origineller. Ciceros Ansehen schwankte schon während seines ganzen Lebens beträchtlich, und am Grad der ihm entgegengebrachten Wertschätzung kann man beinahe wie an einem Barometer die Veränderungen der politischen und moralischen Atmosphäre in den folgenden Epochen ablesen. Cicero ist als der größte Römer gepriesen und als der unfähigste Staatsmann geschmäht worden. Seine beiden auffallendsten Fehler waren Eitelkeit und Ängstlichkeit — beide Eigenschaften erreichten bei ihm wahrhaft

Mosaik des triumphierenden Neptun mit seiner Gemahlin Amphitrite, umgeben von seinen Untertanen.
Paris, Louvre.

pathologische Ausmaße. Daneben besaß er geistige Größe wie kaum ein anderer Römer. Er schuf auch das Latein, wie wir es heute kennen, ähnlich wie Dante später das Italienische schaffen sollte. Cicero war Eklektiker. Dem Epikureertum stand er ablehnend gegenüber, fühlte sich aber von der Ethik der Stoiker angezogen.

PYTHAGORAS

Die Ursprünge seines metaphysischen Weltverständnisses lagen nicht im Stoizismus. Vielmehr war es die Lehre des Pythagoras, der wie Heraklit einer der großen Ionier war und von der Insel Samos stammte. Um das Jahr 530 v. Chr. wanderte er nach Kroton aus, einer griechischen Kolonie in Unteritalien. Pythagoras ist besonders als großer Mathematiker und Astronom bekannt, aber seine Philosophie hatte auch religiöse Aspekte. In Kroton gründete er eine Gemeinde, die an strenge Regeln gebunden war. Seine bedeutendste Lehre war die von der Seelenwanderung, die er von den Orphikern übernommen hatte. Der Glaube an ein Leben nach dem Tode, die Auffassung, dieses Leben sei nur eine Vorbereitung auf ein späteres Leben, und die Überzeugung von der Notwendigkeit einer Reinigung durch Askese sind solche religiöse Bestandteile seiner Lehre. Pythagoras wurde aus politischen Gründen aus Kroton vertrieben, seine Lehre wurde verboten, aber sie muß in den griechischen Kolonien in Unteritalien immer im Verborgenen weitergelebt haben.

»Er beherrschte Magna Graecia«,

Links: Statue des Fruchtbarkeitsgottes Priapos. Er wurde meist als mißgestalteter alter Mann dargestellt und galt als Gott der Gärten, in denen man oft sein Bild aufstellte. Die hier abgebildete Statue zeigt den Gott, wie er die Früchte der Erde darbietet. Musée du Bardo, Algerien.

Gegenüber: Der Adler, ein beliebtes Motiv auf monumentalen römischen Steinmetzarbeiten.

so schreibt Cicero über Pythagoras, »gleichermaßen durch seine Autorität wie durch das Ansehen seiner Lehre; und noch viele Jahrhunderte später war der Ruhm der Pythagoreer so verbreitet, daß es schien, als gäbe es außer ihnen keine gelehrten Männer.« Man nimmt an, daß sogar Plato nach Unteritalien reiste, um diese Philosophie zu studieren und mehr über das Prinzip der Unsterblichkeit der Seele zu erfahren. Wie die Lehre nach Rom gelangte, wissen wir nicht. Im Jahre 181, nach dem Krieg gegen Hannibal, behaupteten ein paar Schwindler, Numas Sarg auf dem Janiculus entdeckt zu haben, worin sich jedoch nicht die Leiche Numas, sondern eine Kiste mit angeblichen Schriften Numas über die Lehre des Pythagoras befinde. Diese Schriften fielen einem Prätor in die Hand, der sie mit Zustimmung des Senats öffentlich als Fälschungen verbrannte.

Der Krieg hatte zwar Verbindungen zwischen Rom und Unteritalien geschaffen, aber ein Jahrhundert lang findet sich kein Hinweis auf diese Lehre, die der überlieferten Religion Roms so wenig entsprach; danach wurden einige pythagoreische Dokumente in Umlauf gesetzt — mit welchem Ergebnis, wissen wir nicht. Der Mann, der dafür sorgte, daß die Lehre des Pythagoras im Bewußtsein der Römer wirklich »haftenblieb«, war Poseidonios, ein Reisender, Philosoph und Historiker, der im geistigen Leben Roms während der ersten Hälfte des 1. Jahrhunderts v. Chr. eine große Rolle spielte. Seine Schriften, von denen uns nur einige Fragmente erhalten sind, »haben nahezu die gesamte bedeutende römische Literatur in seiner und sogar noch in der folgenden Epoche beeinflußt« (Warde Fowler). Panaitios, darüber kann es kaum Zweifel geben, hatte Elemente des Stoizismus mit der platonisch-aristotelischen Psychologie verbunden, deren allgemeine Tendenz auf einen Dualismus von Körper und Geist gerichtet war.

Die reinen Stoiker kannten keinen Unterschied zwischen Himmel und Erde, Seele und Leib — sie waren Pantheisten —, auch wollten sie aus diesem Einheitsgedanken heraus nichts von der Idee eines transzendenten Gottes wissen. Panaitios aber verkündete die Rückkehr zu einer älteren Denkweise. Poseidonios führte sie fort und »gab damit plötzlich dem Mystizismus — oder, wenn wir so wollen, dem Transzendentalismus — eine Chance«.

Solche Gedankengänge spiegeln auch die Schriften Ciceros. Seine Lobrede auf die Pythagoreer haben wir bereits zitiert; sie steht in seinen *Tusculanischen Gesprächen.* Cicero begann 54 v. Chr. in seinem Buch *Über den Staat* zu arbeiten, das er — in Anlehnung an Platos Werk — schon seit langem hatte schreiben wollen. Das Buch erschien drei Jahre später und wurde ein großer Erfolg. Cicero geht davon aus, daß Scipio Africanus Minor im Jahre 129 v. Chr. im Garten seines Hauses einen Freundeskreis versammelt hat; dort diskutierte man über verschiedene Regierungsformen, über die Rolle des Menschen im Staat und über die Pflichten des Staatsmannes. Wie Cicero seinem Bruder erklärte, hatte er die Diskussion in die Vergangenheit verlegt, um sich keines Vergehens schuldig zu machen — er lebte in einer gefährlichen Zeit.

Vieles verdankt dieses Werk Platos Schrift *Der Staat;* die Idee, die Szene im letzten Lebensjahr des Hauptsprechers spielen zu lassen, mag Cicero dem *Phaidon* entlehnt haben, ebenso den Einfall, das Buch mit einem Abschnitt über das Leben nach dem Tode zu beschließen. In den Diskussionen bemerken wir immer wieder den Einfluß des Poseidonios, und Cicero läßt Scipio sagen, er habe über das Thema des Staates oft mit Panaitios gesprochen, und zwar im Beisein des Polybios, dessen Ideen ebenfalls in der Diskussion erörtert werden. Den berühmtesten Teil des Werkes bildet der Schluß. Scipio erzählt von einem Traum, den er gehabt habe, als er im Jahre 149 als Regimentsoffizier zu Beginn des Dritten Punischen Krieges in Afrika diente; in diesem Traum sei ihm sein berühmter Großvater erschienen, habe ihm seine zukünftige Laufbahn prophezeit und ihn vor den Gefahren des Lebens gewarnt. (Tatsächlich war der jüngere Scipio, wie jeder von Ciceros Lesern wußte, im Jahre 129 v. Chr., in dem Ciceros Erzählung spielt, eines Tages tot in seinem Bett gefunden worden. Man hatte ihn in aller Eile begraben, und die Todesursache war nie festgestellt worden.)

»Aber«, so fährt der ältere Scipio (im Traum) fort, »sei einer Sache versichert, Africanus, auf daß du mit um so größerem Eifer das Gemeinwesen verteidigst: all denen, die ihr Vaterland bewahrt, ihm geholfen oder zu seiner Erweiterung beigetragen haben, ist ein besonderer Platz im Himmel

vorbehalten, wo sie ein ewiges Leben — *aevo sempiterno* — des Glückes genießen werden. Denn nichts von alledem, was auf Erden geschieht, ist dem höchsten Gott, der die ganze Welt regiert — *illi principi deo qui omnem mundum regit* —, angenehmer als die rechtmäßigen Zusammenschlüsse und Gemeinschaften von Menschen, Staaten genannt. Ihre Herrscher und Bewahrer kommen von diesem Platz und kehren zu diesem Platz zurück.« Scipio fragt dann seinen Großvater, ob sein Vater Paullus und andere, die wir für tot halten, wirklich am Leben seien. »Sicherlich«, antwortet er, »alle jene sind am Leben, die der Knechtschaft des Körpers entronnen sind wie einem Gefängnis; aber dieses euer Leben, das die Menschen Leben nennen, ist in Wirklichkeit der Tod.«

Dann erscheint Paullus. Der jüngere Scipio, von dieser Erscheinung überwältigt, fragt ihn, warum er auf der Erde bleiben und ob er nicht zu seinem Vater eilen solle. Der Vater verneint; erst wenn der Gott, »dessen Tempel alles ist, was du siehst, dich aus dem Gefängnis des Körpers befreit hat, kannst du hierher gelangen.« Er gebietet ihm, die Gerechtigkeit und die Pflicht zu lieben, und fährt fort: »Ein solches Leben ist der Weg zum Himmel, zu der Versammlung derer, die ihr irdisches Leben vollendet haben, von der Last ihres Körpers befreit worden sind und nun an dem Ort wohnen, den du jetzt siehst ... und den ihr auf der Erde mit einem griechischen Ausdruck als Galaxias bezeichnet.«

Der jüngere Scipio ist entzückt vom Anblick des hohen Himmels, in den er versetzt worden ist, überwältigt auch von der Sphärenmusik. Die Erde sieht winzig klein aus; das Römische Reich (er verwendet schon das Wort *imperium*) gleicht einem Fleck. Sein Großvater gebietet ihm: »Strebe weiter, und sei sicher, daß nicht du es bist, der sterblich ist, sondern nur dieser Körper ... die Seele ist dein wahres Selbst, nicht die körperliche Gestalt. Wisse denn, daß du ein Gott bist, wenn ein Gott dasjenige ist, was lebt, fühlt, sich erinnert, in die Zukunft sieht und den Körper beherrscht, über den es gesetzt ist, genau wie der höchste Gott über uns das Universum bewegt.« Schließlich beschwört er seinen Enkel, nie zu vergessen, daß der Urgrund des Seins eine geistige Kraft sei, »die einzige Kraft, die sich selbst bewegt, sie hat fürwahr keinen Anfang und ist unsterblich«. Mit dem Erwachen des jüngeren Scipio endet Ciceros Schrift *Über den Staat.*

Hier läßt sich also Cicero von einer damals herrschenden philosophischen Strömung mitreißen. Noch aufschlußreicher für unsere Betrachtung ist aber Ciceros Verhalten in einer persönlichen Krise. Im Jahr 45 v. Chr. verlor er seine einzige Tochter, Tullia, die für ihn alles bedeutet hatte. In seiner unendlichen Trauer schreibt er am 3. Mai 45 von einem seiner Landsitze aus seinem Freund und Vertrauten Atticus nach Rom, um ihn davon zu unterrichten, daß er für Tullia nicht einfach ein Grab, sondern ein Heiligtum möchte. Er spricht von ihr wie von einer Lebenden: »Ich möchte, daß es ein Heiligtum — *fanum* — wird, und diesen Wunsch kann ich mir nicht aus dem Herzen reißen. Ich möchte unbedingt jede Ähnlichkeit mit einem Grab vermeiden, nicht so sehr wegen der dafür angedrohten Strafe, sondern um so nahe wie möglich an eine *apotheosis* (er verwendet das griechische Wort) heranzukommen. Das könnte ich tun, wenn ich es in meinem Landhaus selbst bauen würde, aber ich fürchte den Besitzwechsel. Wenn es irgendwo auf dem Lande gebaut wird, glaube ich, dafür sorgen zu können, daß die Nachwelt seine Unantastbarkeit respektiert. Ich möchte nicht, daß es unter einem anderen Namen als *fanum* bekannt wird — auch wenn du das vielleicht für unsinnig hältst.«

Oben: Drei etruskische Musikanten auf einem Grabfresko in Tarquinia. Grab der Leoparden.

Oben: Ein Mosaik mit dem Kopf eines jungen Satyrn. Museo Nazionale Romano, Rom.

Rechts: Der Hirtengott Pan. Darstellung auf einem Mosaikfußboden aus Genazzano. Museo Nazionale Romano, Rom.

SCHATTEN AUS DER UNTERWELT

Cicero erwähnt dieses Projekt noch in mehreren späteren Briefen. Es ist ganz offensichtlich, daß er glaubt, seine Tochter sei noch am Leben; die Vorstellung, sie könne in die eisige, dämmrige Gesellschaft der *Manes,* wie die Römer die Toten nannten, entrückt sein, ist ihm unerträglich. Nach und nach nehmen allerdings diese Schatten Gestalt an, bis schließlich zu Ciceros Zeiten jene Inschriften auftauchen, die in späteren Jahrhunderten so verbreitet sein werden und den *Dis Manibus,* den Göttern der Unterwelt, gewidmet sind. Die *Manes* hatten einen eigenen Kult, ihnen wurden Wein, Honig, Milch und Blumen geopfert. Zwei Feste hielt man zu ihren Ehren ab, die *Rosalia* oder *Violaria,* bei denen die Gräber mit Rosen oder Veilchen geschmückt wurden, und die *Parentalia,* die vom 13. bis zum 21. Februar dauerten.

Die Parentalien waren nach der Überlieferung von Aeneas zu Ehren seines alten Vaters Anchises gestiftet worden. In einem bestimmten Jahr, so hieß es, drangen die Geister in die Stadt ein (innerhalb der Stadtmauern waren Begräbnisse nicht gestattet) und konnten nur durch den Vollzug der entsprechenden Riten dazu gebracht werden, in ihre Gräber zurückzukehren. Wenn man sich die Toten in dieser Gestalt vorstellte, das heißt nicht als friedlich in ihren Gräbern ruhende Vorfahren, sondern als böse, umherziehende Geister, wurden sie *Lemures* genannt; diesen Lemuren galt das Fest *Lemuria,* das am 9., 11. und 13. Mai gefeiert wurde. Die Zeremonie zur Vertreibung dieser bösen Geister aus der Stadt wurde bei Nacht abgehalten.

TRADITIONALISMUS IN DER RELIGION

Der Paterfamilias ging barfuß durch das Haus, wusch seine Hände mit reinem Quellwasser und warf dann mit abgewandtem Gesicht mehrere Handvoll Bohnen hinter sich, wobei er ausrief: »Durch diese Bohnen erlöse ich mich und meine Familie.« Das sagte er neunmal, ohne sich umzusehen; währenddessen sammelten die Lemuren, so glaubte man, die Bohnen auf. Danach wusch der Zelebrant sich nochmals die Hände, schlug an ein Bronzegefäß und sprach: »Schatten meiner Vorfahren, entfernt euch!« Dann erst durfte er sich umsehen, und die Lemuren waren verschwunden.

Cicero selbst war in Richtung auf eine geistigere Auffassung des menschlichen Schicksals viel weiter gegangen. Im öffentlichen Leben jedoch war er ein kompromißloser Verfechter der überlieferten Religion. Er schrieb zu seinem *Staat* einen Folgeband, *Die Gesetze,* in dem er darlegte, welche Gesetze in seinem Idealstaat gelten müßten. Im zweiten Band dieses Werkes beschäftigt er sich mit der Religion. Niemand, so schreibt er vor, dürfe private Götter haben, die nicht vom Staat anerkannt seien. Privat sollten die Menschen die Götter ihrer Vorfahren verehren. In den Städten sollten sie Heiligtümer haben, auf dem Land aber Haine und Wohnstätten für die Laren. Es sollten nicht nur jene Götter verehrt werden, die schon immer als Bewohner des Himmels galten, sondern auch solche, die aufgrund ihrer Verdienste in den Himmel aufgenommen wurden: Hercules, Liber (das heißt Bacchus oder Dionysos), Aesculapius, Castor, Pollux, Quirinus; außerdem auch Tugenden wie Verstand, Tapferkeit, Treue und Glauben.

Die Götter sollen ihre eigenen Priester haben, die dafür sorgen, daß alle Riten nach der Ordnung vollzogen werden. Die Vestalinnen haben das heilige Feuer der Vesta zu bewachen. Wer die vorgeschriebenen Riten nicht kennt, muß sich bei den Priestern Auskunft holen. Wahrsager, Auguren und andere vom Staat anerkannte Persönlichkeiten sollen Wunder und Vorzeichen deuten. Der Senat kann mit der Deutung dieser Phänomene auch etruskische Wahrsager beauftragen. Frauen dürfen in der Nacht keine Opfer darbringen, außer denen für die *Bona Dea,* von denen die Männer ausgeschlossen sind, und die Einweihung in die römische Form der Eleusinischen Mysterien muß gewährleistet sein. Niemand darf im Namen der Cybele Geld sammeln, außer ihren eigenen Dienern, und auch diese nur an bestimmten Tagen.

Die Aussagen des Traditionalisten Cicero stellen einen Widerspruch zu denen des Metaphysikers Cicero dar. In den Augen der Römer lag hier jedoch kein Gegensatz vor. Die Bräuche der Vorfahren, die *mos maiorum,* aufrechtzuerhalten, galt als frommes Werk. Für Cicero, wie auch für Varro, war die *pietas* eine Angelegenheit der Praxis, nicht des Glaubens. Die religiöse Praxis aber war im 1. Jahrhundert v. Chr. in beklagenswerte Unordnung geraten. Wie Cicero selbst schreibt, wurden die Auspizien in zyni-

Ausschnitt aus dem berühmten römischen Wandgemälde *Aldobrandinische Hochzeit* mit der Darstellung von Frauen, die an einem Hochzeitsritus teilnehmen. Das 1606 gefundene Fresko erhielt den Namen nach seinem ersten Besitzer, dem Kardinal Aldobrandini. Rom, Vatikanische Museen.

Rechts: Die schönen göttlichen Schwestern, bekannt als die drei Grazien: Aglaia (Glanz), Thalia (Blüte) und Euphrosyne (Frohsinn).

Gegenüber: Keine der importierten griechischen Gottheiten war beliebter als Orpheus. Dieses Mosaik aus dem 2. oder 3. Jahrhundert n. Chr. stammt aus einer Villa in der Nähe von Palermo und stellt Orpheus dar, der die Tiere bezaubert. Der Orpheus-Kult hat bis in unsere Zeit überlebt. Das *Oxford Concise Dictionary of Opera* zählt nicht weniger als dreißig Werke auf, die auf der Sage von Orpheus und Eurydike beruhen. Die bekanntesten von ihnen sind die Opern von Monteverdi, Gluck und Offenbach. Museo Nazionale, Palermo.

scher Weise für politische Zwecke mißbraucht; Prodigien wurden, wie wir von Livius wissen, nicht bekanntgemacht; der Kalender war hoffnungslos durcheinandergeraten, und die Tempel ließ man verfallen. Das Amt des Flamen Dialis war von Sullas Diktatur an, also etwa vom Jahre 80 bis zum Jahre 11 v. Chr., nicht besetzt — obwohl das in Anbetracht der uralten Tabus im Zusammenhang mit diesem Amt nicht überrascht. Die Pietas mußte deshalb mit allen Mitteln aufrechterhalten und gefördert werden.

Dieser Punkt ist auch im Hinblick auf Ciceros religiöse Einstellung zu beachten. Er ist für das Verständnis der religiösen Geschichte Roms in den folgenden vier Jahrhunderten von größter Bedeutung. Genau dieselben Argumente für die Aufrechterhaltung der alten Kulte und Riten wurden im 4. Jahrhundert n. Chr. von gebildeten und intelligenten Nichtchristen in ihren — meist freundschaftlichen — Streitgesprächen mit Christen vorgebracht. Der zweite bedeutsame Punkt in Ciceros religiösen Auffassungen sind die damals herrschenden Vorstellungen von Göttlichkeit überhaupt.

DEIFIKATION

In seinem eigenen Kommentar zu seinen *Gesetzen* äußert sich Cicero zu der Vergottung der Heroen: »Das Gesetz aber, das die Verehrung derjenigen Menschen vorschreibt, die zu Göttern erhoben wurden — Consecratos —, wie Hercules und all die anderen, macht uns klar, daß die Seelen aller Menschen unsterblich, die Seelen guter und tapferer Menschen aber göttlich sind. Auch ist es gut, daß Vernunft, Treue, Tapferkeit und Glaube durch einen Federstrich — *manu* — zu Göttern erhoben werden können; in Rom sind allen diesen Tugenden Tempel errichtet worden, womit erreicht werden soll, daß alle, die diese Eigenschaften besitzen (und das sind alle guten Menschen), daran glauben, die Götter selbst wohnten in ihren Seelen.«

Diese Auffassung von Göttlichkeit ist der der Juden und Christen genau entgegengesetzt. Für die Juden ist Gott erhaben, ewig, in unfaßbare Höhen entrückt, wenn er auch mit den Menschen Verbindung aufnehmen kann. Für die Christen hatte es diesem einen Gott gefallen, Mensch zu werden, ohne aber sein göttliches Wesen zu veräußern. Gibt es einen größeren Unterschied als den zwischen einem Menschen, der auf Geheiß des Menschen zum Gott, und einem Gott, der aus eigenem Ratschluß zum Menschen wird?

Das ist der Grund, weshalb der Kampf zwischen der römischen Staatsreligion, in der die Göttlichkeit des weltlichen Herrschers immer stärker betont wurde, und den Christen, für die der bloße Gedanke daran schon Blasphemie war, so erbittert und über einen so langen Zeitraum hinweg geführt werden sollte.

Bevor wir uns mit diesen theologischen Auseinandersetzungen beschäftigen, wollen wir uns anderen östlichen Religionen zuwenden, die vor deren Einsetzen in Rom an Einfluß gewannen.

Orontes, Nil und Tiber

In einem seiner berühmtesten Spottgedichte klagt der römische Satiriker Juvenal, der im 2. Jahrhundert des Kaiserreichs lebte, daß »vor langer Zeit der Orontes sich in den Tiber ergossen« habe, und das bedeutet, daß alle Unreinheiten des Orients nach Rom gebracht worden seien. Juvenal war ein Pessimist, der die Ansicht vertrat, jedes Ding habe zwei Seiten, und zwar zwei schlechte. In seiner Zeit hatte tatsächlich das Wort »orientalisch« eine gewisse Abwertung erfahren. Zu bedenken ist jedoch, daß zu Juvenals Lebzeiten, wie auch mehrere Jahrhunderte vor und nach ihm, der Osten im Hinblick auf Ideen, Künste, Philosophie, Religion und Gelehrsamkeit viel fruchtbarer war als der Westen.

Das Ausmaß der geistigen Überlegenheit des Ostens kann man an einer einfachen Tatsache ablesen: in dem großen Gebiet, das heute die Länder Spanien, Portugal und Frankreich einnehmen, verdrängte die lateinische Sprache auf Anhieb die einheimischen Dialekte (so daß diese Länder noch heute »lateinische« Sprachen haben), da Latein die einzige Sprache war, in der die Menschen, ob Römer oder Einheimische, einen Gedanken präzise formulieren konnten. Im Osten dagegen verdrängte das Latein weder das bodenständige Aramäische noch das Ägyptische und schon gar nicht das Griechische, die internationale Sprache seit den Tagen Alexanders. Das Lateinische war — wie wir zum Beispiel aus der Inschrift auf dem Kreuz des Jesus von Nazareth wissen — lediglich eine dritte offizielle Sprache.

Der Osten gab Rom weit mehr als Rom dem Osten. Auch bei der Erörterung des Einflusses der orientalischen Religionen in Rom ist diese Tatsache zu berücksichtigen. Manche der orientalischen Kulte waren in geistiger Hinsicht nicht einmal besonders hochstehend, was sie beim Pöbel beliebt machte; andere dagegen standen auf einer sehr viel höheren Stufe. Die allgemeine Anziehungskraft, die von diesen Religionen ausging, erklärt Cumont wie folgt:

»Weil die orientalischen Religionen gleichzeitig die Sinne, den Verstand und das Gewissen ansprachen, ergriffen sie die ganze Persönlichkeit. Im Vergleich zu den Kulten der Vergangenheit schienen sie mehr Schönheit in den Zeremonien, mehr Wahrheit in der Lehre und höhere ethische Werte zu versprechen. Die glanzvollen Riten ihrer Feste und Zeremonien, einmal großartig, ein andermal bewegt, traurig oder triumphierend, beeindruckten die Masse der einfachen Menschen. Die fortschreitende Entdeckung der uralten Weisheiten des fernen Orients zog die Gebildeten in ihren Bann. Die Gefühle, die diese Religionen erregten, der Trost, den sie spendeten, sprachen besonders Frauen an. Unter den Frauen fanden deshalb Isis und Cybele ihre glühendsten und großzügigsten Anhänger, ihre begeistertsten Fürsprecher. Mithras dagegen versammelte nur Männer um sich, denen er eine strenge moralische Disziplin auferlegte. Kurz, jede Seele wurde durch das Versprechen seelischer Reinigung und durch den unendlichen Ausblick auf ewige Seligkeit gewonnen.«

ÄGYPTISCHE RELIGION

Von der ägyptischen Göttin Cybele war schon die Rede. Auch Isis wurde, obgleich sie nie den offiziellen Status der Großen Mutter erreichte, eine sehr populäre Gottheit in Rom. Der Grund für ihre Beliebtheit ist zweifellos zum Teil in ihrem erhabenen und geheimnisvollen Ursprung zu suchen. Ägypten ist kein Mittelmeerland, obwohl es am Mittelmeer liegt. In allen Mittelmeerländern — mit der einzigen Ausnahme Ägypten — sind Klima und Bodenbeschaffenheit erstaunlich gleichförmig. Die Kalksteinberge, bewachsen

Unten links: Die ägyptische Göttin Isis. Ihr Kult hatte viele Anhänger in Rom und in der gesamten übrigen Mittelmeerwelt. Ein berufsmäßiges Priestertum versah ihren Dienst, von ihren Adepten wurde strenge Beobachtung eines komplizierten Rituals verlangt. Ihr Gemahl Osiris (*rechts*) war eine zentrale Figur in den Riten und Zeremonien zu Ehren der Isis. Vatikanische Sammlungen, Rom.

mit Ölbäumen, Granatapfelbäumen und Myrte, die Getreidefelder und Weinberge finden sich in der Türkei genauso wie in Spanien, Palästina, Griechenland oder Algerien. Der griechische Siedler fühlte sich am Hellespont oder in Magna Graecia zu Hause, der syrische Händler gründete Geschäfte auf Delos oder in Tanger.

Nur Ägypten fügt sich nicht in diese Gemeinschaft der Mittelmeerländer ein. Hier gibt es keine Berge; das Land wird nicht vom Regen befruchtet, sondern von einem lebenspendenden Strom, dessen Quellen erst im 19. Jahrhundert entdeckt wurden. Der Kontrast zwischen Leben und Tod ist in Ägypten sehr stark; seit uralter Zeit, einer Zeit lange vor den ersten Königen in Hellas oder auf Kreta, haben die Ägypter über das große Geheimnis von Leben und Tod nachgedacht und Grabdenkmäler errichtet, die bis zum heutigen Tag die großartigsten der Welt geblieben sind. Persien, Griechenland und Rom erlagen der Reihe nach der Faszination, die von diesem Land ausging.

Der griechische Geschichtsschreiber Herodot widmete Ägypten im 5. Jahrhundert v. Chr. ein ganzes Buch seiner *Historien.* Alexander gründete hier die berühmteste seiner Städte, Alexandria, und seine Nachfolger, die Ptolemäer, machten aus Alexandria, ohne das Kulturerbe der Pharaonen anzutasten, eines der lebendigsten geistigen Zentren der griechischen Welt. Nach der Niederlage von Antonius und Kleopatra wurde Ägypten Erbteil der Caesaren, die ihre eigene Hauptstadt mit ägyptischen Obelisken schmückten.

Ägyptische Gottheiten mußten so zwangsläufig ihren Weg nach Rom finden. Daß sie ihn fanden, daß sie ihn zu dieser Zeit und in diesem Ausmaß fanden, ist auf den Scharfsinn Ptolemäus' I. zurückzuführen. Er erkannte, daß viele der traditionellen ägyptischen Gottheiten, die die Gestalt von Falken oder Hunden, Schakalen oder Krokodilen hatten, von den Griechen nur lächerlich gemacht werden würden (auch Juvenal spottete über sie). Deshalb kam er auf den Gedanken, Isis und ihren Gemahl Osiris zum Mittelpunkt eines neuen Kultes zu machen, wobei er die so entstandene Gottheit fast unmerklich hellenisierte. Sie wurde Serapis genannt, vermutlich nach Osiris-Apis, und war ursprünglich der Gott, der die Nekropolis von Memphis beschützte. Alexandria, die neue Hauptstadt, sollte auch zur Metropole der neuen Religion werden. Die Sprache ihrer Liturgie war das Griechische.

Die Kultstatue, ein künstlerisch hervorragendes Werk, stammte von dem athenischen Bildhauer Bryaxis, einem Zeitgenossen des Skopas. Nachdem sie auf diese Weise hellenisiert, aus dem Landesinnern an die Küste verpflanzt und in einem athenischen Standbild verkörpert worden war, begann die neue Religion ihren Siegeszug. Das ursprüngliche Serapeum, die Tempelanlage des ägyptischen Gottes, war Vorbild für viele andere; im 2. Jahrhundert n. Chr. gab es bereits zweiundvierzig davon allein in Ägypten.

Isis war nicht nur die Gemahlin des Osiris, sondern auch die Mutter des Sonnengottes Horos. Seth, der Gott der Unterwelt, tötete Osiris, der später von Horos gerächt wurde. In der Zwi-

Gegenüber: Büste des Serapis, eines der wichtigsten Götter Ägyptens, dessen Kult ägyptische und hellenistische Eigenart in sich vereinte. London, Guildhall Museum.

Unten: Kybele und Attis sind zwei der bekanntesten Importe aus dem Orient. Hier sind sie auf einem römischen Altar aus dem Jahr 295 n. Chr. dargestellt, der jedoch aus dem Nahen Osten stammt.

schenzeit hatte Isis den verstümmelten Leichnam des Osiris gesucht. Sie fand ihn in Byblos, dem alten phönizischen Hafen an der syrischen Küste, und gab Osiris das Leben wieder. Vom Beginn des neuen Kultes an hat man Osiris und Serapis miteinander identifiziert; die neue Gottheit wurde zum Herrscher über die Toten, denen sie einen Teil ihrer eigenen Unsterblichkeit verlieh. Isis war die Große Mutter, die Mutter der Götter und der ganzen Natur, siegreich über die Mächte der Finsternis. Sie hatte schon sehr früh ihre eigenen Mysterien, und das erleichterte die Verschmelzung mit griechischen Gottheiten.

Tatsächlich war die Gleichsetzung von Isis mit Demeter und von Osiris mit Dionysos schon vor Herodot vollzogen worden. Wie Osiris war auch Dionysos ein Vegetationsgott; er herrschte auch über die Unterwelt, wurde von einem Feind getötet und in Stücke gerissen, dann auf wunderbare Weise von einer Göttin wieder ins Leben zurückgerufen. Isis identifizierte man auch mit anderen griechischen Gottheiten, darunter Io, die infolge von Zeus' Leidenschaft und Heras Eifersucht (entsprechend dem üblichen Muster) nach vielen Abenteuern in Gestalt einer Kuh über den Bosporus (Kuh-Furt) ging und schließlich in Ägypten Ruhe fand.

So konnten die Griechen in Serapis eine ihrer eigenen Gottheiten sehen, umgeben vom erhabenen Glanz ägyptischer Götterverehrung, aber ohne deren Absurditäten und Obszönitäten. Tatsächlich war die neue Religion, wie wir von Plutarch erfahren, von Anfang an darauf angelegt, sowohl in Griechenland als auch in Ägypten Anklang zu finden. Ein griechischer Hierophant namens Timotheos arbeitete mit einem liberal eingestellten Priester namens Manetho zusammen, um dieser Religion eine möglichst große Anhängerschaft zu sichern. Sie hatten damit so großen Erfolg, daß ein griechischer Philosoph, Demetrios aus Phaleron, den Serapis von Blindheit geheilt hatte, dem Gott zu Ehren Hymnen dichtete, die noch über drei Jahrhunderte später gesungen wurden. Es entwickelte sich bald eine umfangreiche Hymnendichtung, die in Papyrus-Abschriften auf uns gekommen ist.

Cumont sagt darüber: »Die Griechen mußten daher geneigt sein, einen Kultus anzunehmen, in dem sie ihre eigenen Gottheiten und ihre eigenen Mythen in etwas eindrucksvollerer und prächtigerer Form wiedergaben. Es ist eine sehr merkwürdige Tatsache, daß unter der Menge der in den Nomen des Ptolemäerreiches verehrten Gottheiten die aus der Umgebung oder, wenn man will, dem Zyklus des Osiris — nämlich Isis, ihr Sohn Harpokrates und ihr treuer Diener Anubis — die einzigen sind, welche von den hellenischen Stämmen adoptiert wurden. Alle anderen himmlischen oder höllischen Geister, denen Ägypten diente, sind in Griechenland Fremde geblieben.« Der Kult des Serapis war »die kultivierteste aller ›barbarischen‹ Religionen; sie enthielt Exotisches genug, um die Neugier der Griechen zu reizen, aber nicht genug, um ihren empfindlichen Sinn für das Maßvolle zu beleidigen, und ihr Erfolg war ein glänzender.«

Damals wurde genau wie in späteren Epochen schon der Grundsatz *cuius regio eius religio* — »wessen das Land, dessen die Religion« — befolgt; wo immer deshalb dem König Ptolemäus Gehorsam und Verehrung zuteil wurden, verehrte man auch seine Götter. Die Priester der Isis in der Kaiserzeit nannten in ihren Gebeten immer zuerst den jeweiligen Herrscher, ein Brauch, den sie von ihren Vorgängern unter den Ptolemäern übernommen hatten und an Christen und Mohammedaner weitergeben sollten. Der Kult des Serapis gelangte nach Zypern, nach Sizilien und Antiochia — ja sogar nach Athen, wo Serapis am Fuße der Akropolis einen Tempel hatte. In Halikarnassos, dem Geburtsort Herodots, wurde ihm 307 ein Heiligtum geweiht.

Diese neue, sich aus mehreren Elementen zusammensetzende Religion kam über Sizilien und Magna Graecia nach Rom. In einer städtischen Ver-

Rechts: Die ägyptische Göttin Isis wurde zunächst von den Griechen übernommen und Demeter angeglichen, mit der sie viele gemeinsame Züge besaß: wie sie war sie eine mütterliche Göttin, wie sie hatte sie sich auf die Suche nach einem geliebten Wesen begeben, das dem Tode verfallen war und wieder aus der Unterwelt zurückkehrte. Der Isiskult kam im 2. Jahrhundert v. Chr. nach Italien. Die Statue zeigt die Göttin mit dem Sistrum, das bei ihrer Verehrung eine Rolle spielte und noch heute von abessinischen Christen verwendet wird. Museo del Palazzo dei Conservatori, Rom.

Gegenüber: Anubis. Dem altägyptischen Totengott Anubis war der Schakal heilig; er wurde deshalb häufig mit dem Kopf eines Schakals dargestellt. Im Rahmen des von den Ptolemäern gestifteten Isis-Serapis-Kultes verehrte man ihn als den treuen Diener dieser Gottheiten.

ordnung von 105 v. Chr. findet sich ein Hinweis auf ein Serapeum in Puteoli (Pozzuoli), dem Hafen, über den Paulus von Tarsos sein Evangelium nach Italien bringen sollte. Ungefähr zur selben Zeit wurde der Tempel der Isis in Pompeji eingeweiht, dessen Fresken bis zum heutigen Tage von der Größe der alexandrinischen Kultur Zeugnis ablegen. In Rom, wo diese Gottheiten spätestens zu Sullas Zeiten eingeführt wurden, versuchten die Behörden das Eindringen der alexandrinischen Religion zu verhindern: Zum einen war sie stark gefühlsbetont und verletzte damit den römischen Grundsatz der Würde, der *gravitas;* zum anderen stammte sie aus einem Land, mit dem Rom in den letzten Jahren der Republik fast ständig verfeindet gewesen war, und diese Feindschaft hatte in der unglücklichen Verbindung zwischen Antonius und Kleopatra ihren Gipfelpunkt erreicht.

Nicht weniger als viermal innerhalb einer Dekade, nämlich in den Jahren 58, 53, 50 und 48, ordnete der Senat die Zerstörung ägyptischer Heiligtümer und Götterbilder an. Nach dem Untergang von Antonius und Kleopatra wurde der Kult immer mehr zu einer staatsgefährdenden Macht. Im Jahre 28 wurde es verboten, den alexandrinischen Gottheiten Altäre innerhalb des *pomeriums* zu errichten, und sieben Jahre später erweiterte Agrippa, der Minister des Kaisers Augustus, das Verbot auf das Gebiet im Umkreis einer Meile vom Stadtzentrum. Im Jahre 19 n. Chr., unter der Herrschaft des Kaiser Tiberius, gab der Isiskult Anlaß zu einem großen Skandal. Ein römischer Edelmann namens Decius Mundus veranlaßte einen Priester der Isis, einer schönen, aber einfältigen Dame einzureden, daß der Gott Anubis sie begatten würde, wenn sie an einem

Gegenüber: Serapis, die synthetische, halb ägyptische, halb griechische Gottheit, die weite Verbreitung fand. Dieser Bronzekopf, der ihn mit Helios, der Sonne, gleichsetzt und sich jetzt im British Museum befindet, kommt aus Helmingham Hall in Norfolk. British Museum, London.

Rechts: Antinous, der schöne Bythinier, der Hadrians Günstling war und ums Leben kam, indem er im Nil ertrank. Hadrian erhob ihn zur Gottheit und führte dadurch ein lebendiges Motiv in die römische Bildhauerei ein, das es eine Zeitlang nicht gegeben hatte — das eines realen, nicht nur mythologischen Jünglings. Jahrhunderte später tauchte es in Michelangelos David wieder auf. Museo Archeologico Nazionale, Neapel.

bestimmten Abend in den Tempel käme. Sie kam auch prompt, aber Decius übernahm die Rolle des Anubis. Dadurch wurde eine unbarmherzige Verfolgung der Priester der Isis ausgelöst.

Aber alles war vergeblich. Die Religion breitete sich über ganz Italien aus, selbst als sie in Rom verboten war. Julius Caesars neuer Kalender war von ägyptischen Weisen aufgestellt worden; es war ihnen auch gelungen, neue Feste zu Ehren der Isis einzubauen. Mit dem Tode des Tiberius war die Zeit der Unterdrückung vorüber. Im Jahre 38 n. Chr. errichtete Caligula einen großen Tempel der Isis auf dem Marsfeld, den Domitian in der aufwendigsten Weise ausschmücken ließ. Spätere Kaiser taten es ihm gleich. Die Zahl der Sphinxe und Obelisken nahm zu. Hadrian ließ im 2. Jahrhundert nicht nur zum Andenken seines Günstlings Antinous einen Obelisken errichten, der noch heute in Rom steht, sondern legte auch in seiner Villa in Tibur (Tivoli) ein prachtvolles Serapeum an.

Der Kult des Serapis behauptete sich bis zum Ausgang der heidnischen Ära. Zum Teil war es seine Flexibilität, vielleicht könnte man auch sagen seine Unbestimmtheit, die diesen Kult so populär machte. Ein Schriftgelehrter, der später einer von Neros Präzeptoren wurde, entdeckte in den priesterlichen Traditionen seines Landes Anklänge an den Stoizismus. Als Plutarch sich mit den ägyptischen Gottheiten beschäftigte, entdeckte er, daß die Verehrung dieser Götter sich ganz mit seinen eklektischen Ansichten in Einklang bringen ließ. Ein Neuplatoniker, Iamblichus, stellte dieselbe glückliche Übereinstimmung fest. Isis wurde nicht nur griechischen Göttinnen angeglichen; man identifizierte sie auch mit der phönizischen Astarte, der syrischen Atargatis und der persischen Anahita. Sie ersetzte gleichsam das ganze Pantheon, und Serapis wurde als der eine allmächtige Gott, Zeus Serapis, verherrlicht.

Die ägyptischen Götter waren, wie ein christlicher Apologet bestätigt, Römer geworden. Das beginnende 3. Jahrhundert n. Chr. sah die ägyptische Religion auf dem Höhepunkt

ihres Einflusses. Danach trat sie hinter die syrische und persische Religion und schließlich hinter das Christentum selbst zurück. Im Jahre 394, also drei Jahre nach dem offiziellen Verbot aller heidnischen Kulte, berichtet ein Augenzeuge, daß zu Ehren der ägyptischen Gottheiten in den Straßen Roms noch immer Prozessionen abgehalten würden. Aber bereits drei Jahre zuvor hatte Theophilus, der Patriarch von Alexandria, das große Serapeum bis auf die Grundmauern niederbrennen lassen und selbst bei der Zerstörung des berühmten Götzenbildes Hand angelegt.

Der Kult hatte sein Ende gefunden, jedoch blieben deutliche Spuren dieses Kultes im christlichen Gottesdienst erhalten. Statuen der Isis bedurften nur einer Namensänderung, um als Marienbildnisse angebetet zu werden. Die täglichen Gottesdienste, die von den Priestern vorgenommenen Ablutionen, selbst die Tonsur — für all das gibt es Vorbilder im Isiskult. Bis zum heutigen Tage erinnern die Büßenden, die auf den Knien die Santa Scala hinaufgehen, an die Verehrer der Isis, die in derselben Stellung um ihren Tempel herumgingen. Das Sistrum, die silberne Rassel der Isis, ertönt noch immer beim armenischen Gottesdienst; und genau wie sich die Priester der Isis in Abydos oder Rom feierlich auf die Suche nach dem Leichnam des Osiris begaben, veranstalten die Abessinier bis zum heutigen Tag am

Eine Prozession zu Ehren der Isis. Dieser Göttin war die Schlange heilig. Die Tonsuren der Priester ähneln denen der späteren christlichen Mönche. Die Gestalt links hält das für den Isiskult bedeutsame Sistrum in der Hand.

Ostersamstag auf dem Dach der Kirche zum Heiligen Grab in Jerusalem eine kreisförmige Prozession, wodurch die Suche nach dem Leichnam Christi versinnbildlicht werden soll.

SYRISCHE RELIGION

Nur eine einzige andere heidnische Religion machte jemals der ägyptischen ihren Rang streitig, bevor sie alle dem Christentum weichen mußten: der altiranische Mithraskult, der in seiner römischen Form die offizielle Religion der späten Kaiser werden sollte. Bevor wir uns jedoch damit befassen, muß einiges über die syrische Religion gesagt werden.

Die syrischen Religionen traten im Westen nie in solcher Geschlossenheit auf wie die aus Ägypten, Kleinasien oder Persien. Das ist zum großen Teil auf die Natur des Landes selbst zurückzuführen. Syrien wird von hohen Gebirgszügen in viele voneinander getrennte Gebiete geteilt. Das hat immer nicht nur zu politischer Uneinigkeit geführt, sondern auch zu einer bemerkenswerten Vielfalt der Religionen. Heute gibt es in Syrien Mohammedaner — und zwar sowohl Sunniten als auch Schiiten —, Juden, Drusen, Anhänger der römisch-katholischen, der orthodoxen, syrischen, assyrischen, maronitischen, armenischen und griechisch-katholischen sowie der anglikanischen und presbyterianischen Kirche, um nur einige der größeren Gemeinden aufzuzählen.

Die erste syrische Göttin, die in Italien bekannt wurde, war Atargatis, die oft mit der phönizischen Astarte verwechselt wird. Sie hatte einen Tempel in Bambyke oder Hierapolis, nicht weit vom Euphrat. Ihr Kult, der anscheinend das Vorbild für die grotesken Riten der Derwische abgegeben hat, die noch heute in Damaskus umherziehen, war in mancher Hinsicht erniedrigend und orgiastisch. Ein alter Eunuch von zweifelhaften moralischen Qualitäten ging einem Trupp geschminkter Jugendlicher voraus, die einen Esel mit einem geschmückten Bild der Göttin führten. Sobald sie ein Dorf oder einen reichen Landsitz erreicht hatten, begannen sie mit ihren religiösen Übungen.

Zum Klang hoher Flötentöne begannen sie, sich mit zurückgeworfenem Kopf und unter wildem Geheul zu drehen, bis sie einen Zustand der Gefühllosigkeit erreicht hatten, in dem sie sich geißelten und peitschten. Das blutige Schauspiel ergötzte die ländlichen Zuschauer, unter denen sie eine einträgliche Sammlung veranstalteten, deren Erlös dann noch durch ein bißchen Wahrsagerei und Taschendiebstahl aufgebessert wurde.

Dieses Bild, das auf einem Roman des Lucius von Patras beruht, ist, wie Cumont bemerkt, zweifellos etwas zu schwarz gemalt. Aber wie konnten solche Wanderpriester nach Italien gelangt sein? Die Antwort lautet: als Sklaven. Vom 3. Jahrhundert v. Chr. an tauchten in Rom immer mehr syrische Sklaven auf. Sie waren sehr begehrt, und man bezahlte für sie mehr als für Sklaven aller anderen Rassen. Die Syrer waren intelligent, fügsam und ausdauernd. Aber ihre große Zahl ließ sie zur Gefahr werden. Und dasselbe galt nach Meinung der Römer für ihre Ideen, die übrigens nicht nur von syrischen Sklaven, sondern auch von der immer größer werdenden Kolonie syrischer Händler in Rom verbreitet wurden. Im Jahre 139 v. Chr. ordnete ein Praetor die Vertreibung der Juden und Chaldäer, der syrischen Wahrsager, an, denn sie hatten die sogenannte »Wissenschaft« der Astrologie nach Rom gebracht.

Nur fünf Jahre später wurde ein Sklavenaufstand, der ganz Sizilien verwüstete, von einem Sklaven aus Apamea, einem Anhänger der syrischen Göttin, organisiert und geführt, der sich auf einen »höheren Befehl« berief. Die Tatsache, daß diese erbarmungswürdigen Kreaturen, die zu arm waren, um auch nur das kleinste Heiligtum zu errichten, religiöse Tröstung von wandernden *Galli* empfingen, wandernden Priestern, mit denen sie einen Teil ihrer bescheidenen Ersparnisse teilten, zeigt, wie zahlreich sie geworden waren.

Eine ganze Schar syrischer Gottheiten gelangte so in alle Teile des Römischen Reiches, und wie die ägyptischen wurden auch die syrischen Götter zum Teil »eingebürgert«. In Puteoli finden wir Melkart von Sidon als Hercules; der Kult des Dusares, des Gottes Südarabiens, breitete sich über Syrien westwärts aus. Hadad aus Baalbek-Heliopolis wurde sogar bis nach Spanien hin verehrt; von einem riesigen Tempel des Hadad sind noch heute in der Ebene zwischen Beirut und Damaskus Überreste zu sehen. Die Taube und der Fisch wurden beide in Syrien angebetet, wobei die Taube der Astarte, der Fisch aber, der uns als frühchristliches Symbol vertraut ist, der Atargatis heilig war.

Die berühmteste aller syrischen Gottheiten war Adonis. Sein Tod wurde von den syrischen Matronen am Ufer des Byblos beweint, der noch immer rot von seinem Blut ist; und in Rom hatte er zur Zeit des Augustus seine »Gärten«.

Von den zahlreichen syrischen Gottheiten, die zu einem Bestandteil der religiösen Überlieferung des Westens wurden, ist keine merkwürdiger und ein beredterer Zeuge für die Macht der syrischen Götter über die einfachen Gemüter als der Jupiter von Doliche. Doliche war eine Stadt im nördlichen Syrien, am Oberlauf des Euphrat. Truppen aus diesem Gebiet dienten in allen Teilen des Reiches, und sie nahmen ihren Schutzgott mit. In der Literatur findet sich nicht ein einziger Hinweis auf diesen Gott, und doch sind über hundert ihm gewidmete Inschriften erhalten geblieben, unter anderem in Afrika, Deutschland, England und Ungarn. Er war ursprünglich ein Gott des Blitzes, und er wird auf einem Stier stehend, mit den Attributen des Blitzes in der einen und der Doppelaxt in der anderen Hand dargestellt. Als den Schutzpatron der Schmiede flehten die Soldaten ihn naturgemäß um den Schutz ihrer Waffen an.

Die Verbreitung der Götterkulte vollzog sich zwar zum größten Teil zur Zeit des Kaiserreichs, dennoch ist es angebracht, sich schon an dieser Stelle mit ihnen zu befassen. Sie gipfelten in der Erhebung eines vierzehn Jahre alten Knaben, Heliogabal, zum Kaiser; Heliogabal war ein Priester des Baal von Emesa und brachte einen weiteren »schwarzen Stein« als oberste Gottheit nach Rom. Weil er Ausländer und mit seinen religiösen Ideen seiner Zeit voraus war, wurde er von den römischen Schriftstellern angefeindet. Tatsächlich versuchte er, Rom zu einem Monotheismus zu bekehren, in dessen Mittelpunkt *sol invictus*, die Unbesiegte Sonne, stehen sollte. Diese Gottheit führte ein halbes Jahrhundert später Aurelian mit Erfolg aus Palmyra ein. Da der erste christliche Kaiser Roms, Konstantin, im Geiste dieses Monotheismus erzogen worden war, liegt darin einer der wichtigsten Hinweise auf den Beitrag Syriens zur Religionsgeschichte Roms.

Als Beitrag Syriens zur römischen Religion ist auch das Kruzifix zu erwähnen. In den ersten fünf Jahrhunderten des christlichen Zeitalters hatten die Christen einen Abscheu davor, ihren Erlöser an ein Folterinstrument genagelt darzustellen. Erst im 6. Jahrhundert führten die Syrer dieses Symbol ein.

Ein Priester des Attis. Der Attis-Kult entstand in Kleinasien und verbreitete sich nach Rom, wo Attis den Rang einer mächtigen Gottheit einnahm. Dieses Basrelief stammt aus Ostia, dem Hafen Roms, von wo aus viele fremde Kulte nach Rom gelangten. Ausgrabungen von Ostia.

Moses und Mithras

Zwei weitere östliche Religionen, das Judentum und der Mithraskult, übten einen starken Einfluß auf die römische Religion aus. Beide erhoben höhere ethische Forderungen als andere aus einem fremden Land übernommene Kulte oder die römische Religion selbst. Außerdem hatten sie beide ein und derselben Quelle viel zu verdanken — Persien.

EINFLÜSSE DES JUDAISMUS

Wann die ersten Juden in Rom auftauchten, wissen wir nicht genau. Eine jüdische Gesandtschaft schloß im Jahre 191 v. Chr. einen ziemlich vagen Vertrag mit dem römischen Senat, und die Tatsache, daß die Juden im Jahre 139 zusammen mit den Chaldäern aus Rom vertrieben wurden, gibt uns einen gewissen Anhaltspunkt. Gegen Ende der Republik waren sie zahlreich und einflußreich und genossen — wie so oft — Ansehen bei denen, auf deren Meinung man Wert legen konnte, während sie vom gemeinen Volk gehaßt und gefürchtet wurden. Caesar hat, in Anerkennung ihrer Verdienste, viel für die Juden getan. Die Juden besaßen viel strengere Moralgrundsätze als die Völker, unter die sie seit der Zeit der Ptolemäer verschlagen worden waren. Die Zehn Gebote stellten Verhaltensmaßregeln dar, die alle anderen zeitgenössischen Vorschriften über private und öffentliche Moral bei weitem übertrafen. Der ursprünglichen »mosaischen« Religion war durch die Babylonische Gefangenschaft im 6. Jahrhundert v. Chr. eine neue Eschatologie hinzugefügt worden, denn selbst nach der Rückkehr der Juden aus Babylon blieben die Bindungen zwischen der babylonischen und der Jerusalemer Richtung des Judentums außerordentlich eng. Aus Babylon brachten die Juden ihre Vorstellungen von der Ewigkeit und dem Leben nach dem Tode mit, während die älteren jüdischen Auffassungen vom *Scheol,* dem Reich der Toten, sich kaum von denen Homers bezüglich der Unterwelt unterschieden.

In Babylon kamen die Juden mit einem ganz anderen Glauben in Berührung, den sie bald übernahmen. Wie schon erwähnt, waren die babylonischen Astronomen berühmt. In der großen mesopotamischen Ebene, die so flach ist, daß später ein arabischer Wissenschaftler auf ihr einen Grad des Erdumfangs ausmaß, ist der Horizont weiter als sonst irgendwo im Umkreis von Tausenden von Kilometern. Außerdem ist dort die Luft erstaunlich klar. Deshalb war die Ebene ein natürliches Observatorium, von dem ihre Bewohner schon sehr früh Gebrauch machten. Sie verfolgten die Bewegungen der Sterne und entdeckten, daß manche von ihnen nach einer bestimmten Zeit wieder zu ihren Ausgangspositionen am Himmel zurückkehrten. Aus dieser Gesetzmäßigkeit schloß man, daß sie ewig seien. Folglich mußte die Macht, die sie geschaffen hatte und in Bewegung hielt, noch ewiger sein, wenn eine solche Vorstellung überhaupt möglich war.

Die düsteren Aspekte des Mithraskultes treten in dieser furchtbaren Gottheit zutage; die Figur ist eine Weihgabe aus dem Jahre 190 n. Chr.

So wurde die Idee der Ewigkeit und damit die des ewigen Lebens geboren. Sie übte einen tiefen Einfluß auf das jüdische Denken aus. Die konservative rabbinische Schule, vertreten durch die Sadduzäer, welche behaupteten, es gebe keine Auferstehung, hat nichts davon übernommen. Aber die neue Lehre wurde eifrig von den sogenannten Apokalyptikern verbreitet, die ihrerseits die liberaleren Gelehrten beeinflußten. Der bekannteste von diesen Apokalyptikern ist der Verfasser des Buches Daniel. Um den verstorbenen Dr. Bevan in der *Cambridge Ancient History* (Bd. VIII., S. 512) zu zitieren: »Die jüdischen Apokalypsen ... unterscheiden sich von der früheren hebräischen Prophetie dadurch, daß sie ein formales Schema der Weltgeschichte entwerfen. Der Kampf zwischen dem Guten und dem Bösen, der mit dem Triumph des Guten und dem Anbruch des Reiches Gottes endet, wird in eine Reihe von Epochen aufgeteilt. Darin kommt wahrscheinlich der Einfluß der persischen Lehre des Zoroaster zum Ausdruck. Die Bedeutung dieser Literatur für die Entwicklung der hebräischen Religion liegt vor allem darin, daß sie für die Ausbreitung eines neuen Glaubens an die individuelle Unsterblichkeit unter den Juden sorgte.«

Im Buch Daniel kommt klar zum Ausdruck, daß auserwählte Seelen die Unsterblichkeit erlangen werden, obwohl nicht die Auferstehung aller Menschen verkündet wird (man vergleiche hier die zitierten Ansichten Ciceros über die Unsterblichkeit): »Und viele, so unter der Erde schlafend liegen, werden aufwachen, etliche zum ewigen Leben, etliche zur ewigen Schmach und Schande. Die Lehrer aber werden leuchten wie des Himmels Glanz,« — man beachte hier das typische Gleichnis — »und die, so viele zur Gerechtigkeit weisen, wie die Sterne immer und ewiglich« (Daniel 12, 2 und 3).

Dieses Buch wurde um das Jahr 166 v. Chr. geschrieben, zur selben Zeit, als jüdische Kolonien in Kleinasien gegründet wurden, wo das Judentum und der Judaismus einen starken Einfluß ausüben sollten. Die Geschichte des Judentums in Asien, so interessant sie auch ist, liegt außerhalb unserer Betrachtung. Es genügt, darauf hinzuweisen, daß es unter anderen den römischen Bürger, jüdischen Gelehrten und christlichen Apostel Paulus von Tarsos hervorbrachte. Was uns interessiert, ist der Einfluß des Judentums auf die Religion, wie er in Rom spürbar wurde.

Die ersten Kontakte des Judaismus mit Rom waren vielleicht indirekt, blieben aber keineswegs ohne Folgen. Viele von denen, in deren Nachbarschaft die Juden sich niedergelassen hatten, fühlten sich zu der Religion der Neuankömmlinge hingezogen. Ohne den Wunsch zu haben, selbst Juden zu werden, alle Gebote und Tabus des mosaischen Gesetzes zu beachten und sich damit einer separatistischen Gemeinde einzugliedern, übernahmen sie doch jüdische Ideen in ihre eigenen Kulte. Synkretistische Sekten entstanden, in denen jüdische und heidnische

K

Sabazios. Diese asiatische Gottheit, die manchmal mit Attis verwechselt und sogar mit Jahve Sabaoth, dem Herrn der Heerscharen der Bibel, identifiziert wird, war ein bemerkenswerter Import aus Asien. Unter den Opfergaben, die er erhielt, befanden sich Hände, z. B. dieses Exemplar aus dem British Museum, die die *benedictio latina* spendet und mit zahlreichen Kultsymbolen geschmückt ist, um den bösen Blick abzuwenden.
Die wohltätige Hand wurde vom Islam übernommen, für den die Hand der Fatima noch immer ein sehr beliebtes glückbringendes Symbol ist.
British Museum, London.

Ideen vermischt auftraten, wie wir aus magischen Texten wissen, in denen oft der Jahve der Juden zusammen mit ägyptischen oder griechischen Gottheiten genannt wird. Attis wird sogar mit dem Attribut »Höchster« angeredet, das eigentlich für den Gott der Juden reserviert war.

In Kleinasien war diese gegenseitige Durchdringung am auffallendsten, und zwar in bezug auf einen Gott, der dem Attis sehr ähnlich war und oft mit ihm verwechselt wurde. Sein Name war Sabazios. »Diese alte Gottheit der thrakisch-phrygischen Stämme«, meint Cumont, »wurde vermöge einer kühnen Etymologie, die bis in die hellenistische Epoche zurückreicht, mit dem biblischen Jahve Zebaoth, dem biblischen Gott der Heerscharen, identifiziert. Der *kyrios Sabaoth* der Septuaginta wurde als Äquivalent des barbarischen *kyrios Sabazios* betrachtet.«

So empfing Rom indirekt — wie auch direkt — den Segen des Gottes Jakobs. Zu Beginn des Kaiserreichs finden wir in Rom ein allgemein angesehenes jüdisches Bürgertum. Neros Gemahlin Poppaea war den Juden freundlich gesinnt, und durch einen jüdischen Schauspieler, der zu Poppaeas Günstlingen zählte, wurde der große jüdische Historiker Josephus bei Hofe eingeführt. Ein jüdischer Adliger, Agrippa, trug wesentlich zur Erhebung des Claudius zum Kaiser bei. Königin Berenike, Agrippas Tochter, bezauberte den späteren Kaiser Titus. Dieses so vielgestaltige Judentum sollte zum Nährboden der ersten christlichen Kirche in Rom werden, die von zwei jüdischen Einwanderern, Petrus und Paulus, begründet wurde.

DIE PERSER

Nicht nur aus Palästina, sondern auch aus Persien sollten der römischen Religion neue Kräfte zufließen. Die Beziehungen zwischen Persien und dem Westen und die ein Jahrtausend währende Fehde sind eines der faszinierendsten und betrüblichsten Kapitel in der gesamten Geschichte des Altertums. Wir können uns nur schwer ein Bild von den Vorgängen machen, da die alten Perser, obwohl sie sich in allen Künsten, von der Architektur bis zur Goldschmiedekunst, auszeichneten, uns keinerlei Literatur hinterlassen haben.

Wir sind deshalb auf griechische und römische Schriftsteller angewiesen, und nur hie und da geben uns die massiven persischen Felsenreliefs einen Anhaltspunkt.

Trotz alledem kann es kaum einen Zweifel geben, daß Persien fast ununterbrochen eine starke und oft dominierende Kraft im politischen Geschehen des Vorderen Orients und seiner Nachbarländer gewesen ist. Im 6. Jahrhundert v. Chr. erlangte Persien die Herrschaft über Babylon und Assyrien, also über das südliche und nördliche Mesopotamien, dann aber auch über Lydien und Ionien, die Levante und Ägypten. Nur das griechische Mutterland entging dem persischen Joch, dank der Helden von Marathon, Salamis und Platää, und auch das nur um den Preis der Zerstörung der Akropolis von Athen.

Hundertfünfzig Jahre später zerstörte Alexander das Reich der Achaimeniden und trug die hellenistische Kultur bis an den Indus. Dann, nach weiteren zweieinhalb Jahrhunderten, schlug die iranische Welle zurück. Die parthischen Arsakiden erreichten die Grenze Syriens, und ein mutmaßlicher Nachkomme des Darius, Mithridates Eupator, drang an der Spitze der Edlen von Pontos bis ins Herz von Hellas vor. Zu dieser Zeit war bereits der Stern Roms im Aufsteigen, und die Parther mußten sich zurückziehen.

Im 3. Jahrhundert n. Chr. jedoch wurde die frühere Macht der Perser durch die Sassaniden wiederbelebt. Von da an bis zum Siegeszug des Islam waren Rom und Persien in andauernden, zermürbenden Kämpfen begriffen, in deren Verlauf ein römischer Kaiser fiel und ein anderer als Gefangener der Perser starb.

Die außerordentliche Vitalität der Perser beruhte auf ihren moralischen und intellektuellen Qualitäten; viele Griechen gerieten in ihren Bann. Themistokles, der Retter Athens, beschloß seine Tage als persischer Satrap. Fünfzig Jahre später starb Alkibiades im Exil im persischen Phrygien. Xenophon, ein Schüler des Sokrates, der schon im Zusammenhang mit Zenon erwähnt wurde, war Freiwilliger und später Führer des griechischen Expeditionskorps, das im Jahre 401 v. Chr. dem persischen Prinzen Kyros zu Hilfe kam. Später, im Ruhestand in Südgriechenland, nicht weit von Olympia, faßte er den Entschluß, eine kleine Lehrschrift über die Erziehung eines Adligen zu verfassen. Er nannte das Buch *Die Kindheit des Kyros,* weil nach seiner Erfahrung die vornehmsten Tugenden bei den Persern zu finden waren. Ihre Kinder lernten Reiten und Schießen und wurden dazu erzogen, die Wahrheit zu sagen.

Diese kraftvolle Kultur näherte sich nie dem Hellenismus an, wie es in unterschiedlichem Maße die Arier in Phrygien, die Semiten in Syrien und die Hamiten in Ägypten taten. Hellas und Persien waren zwei ebenbürtige Gegner — ein persischer Gesandter nannte sie gegenüber einem römischen Kaiser einmal »die beiden Augen des Menschengeschlechts«. Alexander der Große hatte diese beiden Kräfte zu einem Ganzen verbinden wollen, weil sie nach seiner Meinung die beiden »Herrenrassen« waren, denen es zukam, Asien zu beherrschen. Er scheiterte, und die beiden Völker verfielen wieder in ihre alte Gegnerschaft. Trotzdem war es unausweichlich, daß der tausendjährige Kontakt, so tragisch er sich auch bisweilen auswirkte, einen gewissen gegenseitigen Austausch bewirken mußte. Persische Bräuche und persische Verwaltungssysteme wurden von Alexanders Nachfolgern eingeführt und so an Rom weitergegeben. Den Caesaren ging zum Beispiel wie dem persischen König Darius bei offiziellen Anlässen ein Beamter voran, der das ewige Feuer als Sinnbild der Dauer ihrer Herrschaft trug. Überdies betrachteten sich die Caesaren nach und nach, ganz in der Art des Artaxerxes, als die sakrosankten Herren der Welt.

Die persische Religion hatte sich wie die persischen Bräuche nach allen Himmelsrichtungen ausgebreitet, und zwar auf ähnliche Art wie die jüdische Religion, nämlich durch die kleinen Kolonien iranischer Siedler und Händler. Durch die militärische, künstlerische und politische Bedeutung ihres Ursprungslandes wurde die persische Religion die am weitesten verbreitete, beliebteste und beständigste aller heidnischen Religionen im Einflußbereich Roms, und gegen Ende des 3. Jahrhunderts n. Chr. verherrlichte der Kaiser Diokletian Mithras, den persischen Gott, als den Schutzgott des neuor-

Oben: In Venasques gefundenes Flachrelief. Es zeigt den Kopf des Mithras, der eine phrygische Mütze trägt, die Sonne überragt und von zwei Löwen flankiert ist, die den vierten Grad der Initiation darstellen. Baptisterium, Venasques.

Gegenüber, oben: Diese Büste des Mithras fand man 1954 bei Ausgrabungen im Walbrook Mithraeum in London. Sie wurde um 200 n. Chr. in Italien geschaffen und nach Britannien gebracht. London, Guildhall Museum.

Gegenüber, unten: Zwei Münzen aus der Kuschan-Dynastie (die während des 1. und 2. Jahrhunderts n. Chr. Zentralasien und Nordindien beherrschte) mit der Darstellung des Mithras mit Strahlenkrone, Tunika, Umhang und Halbstiefeln. Auf der linken Münze trägt er ein Schwert und einen Halsring; auf der rechten trägt er einen Stab und streckt eine Hand aus, vielleicht um zu segnen.

ganisierten Reiches. Selbst als Mithras vom Christentum entthront wurde, spielte sein Kult eine wichtige Rolle als Gegenpol zum Christentum, und zwar in Form einer ketzerischen christlichen Sekte, des Manichäismus, der bis ins Mittelalter hinein eine Quelle des Kampfes und des Blutvergießens blieb.

MITHRAS

Über die Herkunft dieser Gottheit wissen wir nur sehr wenig. Daß Mithras ein persischer Gott war, steht fest. Aber auf welche Weise kam er vom iranischen Hochland nach Italien? Wie so oft helfen uns auch hier Hinweise bei Plutarch weiter. Er berichtet, daß Pompeius im Jahre 67 v. Chr., als er die Piraten bekämpfte, herausfand, daß diese auf dem Gipfel eines Vulkans in Lykien (im südlichen Kleinasien) seltsame Opfer darbrachten und geheime Riten vollzogen — darunter auch den Kult des Mithras, »der sich bis in unsere Tage erhalten hat, nachdem er von ihnen zuerst bekanntgemacht worden war«. Pompeius hatte die Piraten im Landesinnern angesiedelt, möglichst weit vom Meer entfernt, und zwar nicht nur in Asien, sondern auch in Griechenland und sogar in Unteritalien.

Ein lateinischer Schriftsteller, ein Scholiast des Statius, berichtet, der Mithraskult sei von den Persern zu den Phrygiern und von diesen zu den Römern gelangt. Plutarch und jener Kommentator nennen also beide Kleinasien als Ausgangspunkt für die Verbreitung des Mithraskultes. Dafür gibt es auch noch andere Hinweise. Ein König Mithridates wurde bereits erwähnt. Der Name ist in den Dynastien von Pontos, aber auch in denen von Kappadokien, Armenien und Kommagene ziemlich häufig, ein Beweis für die Verehrung, die Mithras von diesen angeblich achaimenidischen Dynastien entgegengebracht wurde.

Der Mithraskult, mit dem die Römer zu Pompeius' Zeiten in Berührung kamen, war im vorhergehenden Jahrhundert in Anatolien entstanden; auf welche Weise, ist uns nicht bekannt.

Soviel jedoch ist sicher: Als die Perser Kleinasien besetzten, fanden sie dort, wie Strabo uns berichtet, ein Klima vor, wie sie es von ihrer Heimat gewöhnt waren, dazu ein Gelände, das sich hervorragend zur Pferdezucht eignete. Wir haben bereits gesehen, welch hohen Wert die Perser der Reitkunst beimaßen; sie hatten auch ein

Oben: Der Mithraskult breitete sich bis nach Northumberland aus. Dieser Mithrastempel steht in Carrowburgh. (Anstelle der ursprünglichen Holzpfosten wurden Betonpfeiler errichtet.)

Gegenüber: Der Gott Men mit einem Thyrsosstab in der rechten und einem Pinienzapfen in der linken Hand. Men, eine alte barbarische Gottheit, die ursprünglich in Phrygien und den benachbarten Gauen angebetet wurde, war ein Mondgott. Herrscher über den Himmel und die Unterwelt. Er förderte das Wachstum der Pflanzen und das Gedeihen des Viehs. In Italien ging der Kult dieses Gottes in dem der Großen Mutter auf. Die Inschrift lautet: »Agathapous von Kaouala opfert sein Gebet den Menschen auf.« Dieses Werk aus dem 2. Jahrhundert n. Chr. stellt eine interessante Synthese der Symbole des Dionysos und des Mithraskultes dar. British Museum, London.

Rechts: Das Mithraeum unterhalb der Kirche S. Clemente in der Nähe des Kolosseums. Das Gewölbe ist so konstruiert, daß es eine Höhle darstellt. Es war mit Mosaiken geschmückt. Auf der Vorderseite des Altars tötet Mithras den Stier. Im Hintergrund (rechts) befindet sich eine Büste des Sonnengottes mit Schlangenkrone. 3. oder 4. Jahrhundert n. Chr.

Gegenüber: Mithras bei der Tötung des Stiers. Der Stier symbolisiert die der Sonne und den himmlischen Mächten entgegengesetzte Kraft der irdischen Natur, die vom Sonnengott erst überwunden werden muß, bevor die Welt geordnet und erlöst werden kann. Musée du Louvre, Paris.

System schwerer und leichter Kavallerie entwickelt. So entstand eine blühende Feudalaristokratie, derjenigen der normannischen Ritter vergleichbar, deren Repräsentanten den erblichen persischen Titel »Satrap« führten und bis in die Zeit Justinians, also bis ins 6. Jahrhundert hinein, Herren über ihre Lehen blieben. Sie verehrten Mithras als den Schutzgott ihrer Waffen, weshalb Mithras in der romanischen Welt als Schutzpatron der Soldaten und Armeen weiterlebte.

Berühmte Tempel, betreut von einer großen Priesterschaft, entstanden in großer Zahl. Magier oder »Feueranzünder« waren überall im Vorderen Orient zu finden. Gebete und Hymnen wurden vor dem Altar gesungen, auf dem die heilige Flamme brannte, Milch, Honig und Öl wurden geopfert, wobei dieselben Vorsichtsmaßnahmen wie in Persien getroffen wurden, damit das heilige Feuer nicht durch den Atem des Priesters verunreinigt würde.

Was verschaffte dem Mithraskult so viele Anhänger überall in der römischen Welt? Seine Riten, die in Höhlen und Krypten vollzogen wurden, waren nicht annähernd so faszinierend und erregend wie die der Cybele und der Isis. Reinigung, eine Art Taufe, ein gemeinsames Mahl — diese Zeremonien gab es auch in anderen Religionen, wo sie mit viel größerem Pomp zelebriert wurden. Der widerliche Ritus des *taurobolium,* bei dem ein in einer Grube hockender Neophyt mit dem Blut eines über ihm geschlachteten Opferstieres übergossen wurde (was eine Wiedergeburt symbolisieren sollte), wird zwar oft mit Mithras, dem Stiertöter, in Verbindung gebracht, ist aber in Wirklichkeit kein Ritus des Mithraskultes, sondern einer der Großen Mutter aus Kleinasien.

Die Offenbarung des Mithras, des Lichtgottes, der einen Stier tötet, diese lebendige Verkörperung brutaler Gewalt, das allein würde nicht genügt haben, um Mithras über die anderen Götter zu erheben. Persien führte einen neuen *obersten Grundsatz* in der Religion ein: den Dualismus.

»Er war es, der den Mithriazismus von den anderen Sekten unterschied und seine Dogmatik wie seine Moral beseelte, indem er ihnen eine Strenge und eine Geschlossenheit verlieh, welche bis dahin im römischen Heidentum unerhört war. Er betrachtete das Universum unter einem vorher

unbekannten Gesichtswinkel und wies gleichzeitig dem Dasein ein neues Ziel.«

Der Mithraskult kennt zwei gegensätzliche Prinzipien, das Prinzip des Guten und das Prinzip des Bösen. Beides sind lebendige Geister, und beide müssen deshalb versöhnt werden. Ahura-Mazda ist der Geist des Lichts, Ahriman der Geist der Finsternis. Ahura-Mazda, Mithras und der Sonnengott verschmelzen leicht miteinander. Dasselbe gilt für Ahriman und Satan. Die Teufelsversöhnung hat sich bis in unsere Tage bei den Jesiden im nördlichen Irak erhalten, und aus Persien übernahm der Judaismus seine Vorstellung vom Bösen, die dann auch in die christliche Lehre Eingang fand.

Diese theoretische Erklärung des Universums, so zufriedenstellend sie auch sein mag, würde noch nicht ausreichen, um einer Religion die Vorherrschaft zu sichern. »Drei Viertel des Lebens sind eine Sache des Betragens«, hat Matthew Arnold einmal gesagt. Und Mithras zeichnete sich besonders durch seine Verhaltensmaßregeln aus. Den Anhängern des Mithraskultes waren ganz bestimmte »Gebote« auferlegt. So verlangte Mithras zum Beispiel von seinen Anhängern, daß sie einander in Brüderlichkeit zugetan waren. Eine bestimmte Gruppe seiner Anhänger waren die »Soldaten«, ähnlich wie auch Petrus die Christen ermahnt hatte, Soldaten zu sein. Der Geist militärischer Disziplin stand im Einklang mit den Forderungen der traditionellen römischen Ethik und verlieh dem westlichen Heidentum neue Kraft. Mithras galt als Gott des Lichtes, als der Gott der Wahrheit und der Gerechtigkeit, auch war er als der Gott der Treue zum eigenen Wort bekannt: ein von ihm geheiligter Eid wurde als unverletzlich angesehen.

Die wesensmäßige Verschiedenheit des Mithraskultes von den Mysterien der Ägypter und Phrygier ist groß. Der keusche, unverheiratete Gott Mithras empfiehlt nicht die bedenkenlose Fruchtbarkeit der Natur, sondern die Enthaltsamkeit.

Von allen orientalischen Kulten besaß keiner ein so rigoroses System wie der Mithraskult. Er hatte ein sehr hohes moralisches Niveau und beherrschte die Herzen und Seelen der Menschen.

Renans berühmtes Wort ist oft zitiert worden (es findet sich in seinem *Marc-Aurèle*): »Wäre das Christentum durch irgendeine tödliche Krankheit in seinem Aufstieg gehemmt worden, so wäre der Mithraskult zur Weltreligion geworden.«

Im 3. Jahrhundert unserer Zeitrechnung hatte sich der Mithraskult tatsächlich schon fast zur offiziellen Religion des Römischen Reiches entwikkelt. Allein in England, wo nur drei römische Legionen stationiert waren, sind nicht weniger als fünf Mithrastempel ausgegraben worden. Auch heute noch können wir in vielen Äußerungen christlichen oder »humanistischen« Gepräges Anklänge an diese Religion entdecken, die Persiens großes geistiges Vermächtnis an seinen Gegner Rom gewesen ist.

Die Ewige Stadt

Aus der Tatsache, daß so viele fremde Religionen in Rom Fuß faßten, könnte man schließen, daß gegen Ende des 1. Jahrhunderts v. Chr. mit der römischen Republik auch die römische Religion untergegangen sei. In Wirklichkeit geschah jedoch nichts dergleichen. Im Gegenteil, die Staatsreligion wurde noch gestärkt, und zwar so nachhaltig, daß sie weitere vier Jahrhunderte bestehenblieb und alle fremden Religionen außer dem Judaismus und dem Mithraskult überdauerte, um schließlich nur dem Christentum zu weichen.

Diese bemerkenswerte Neubelebung war in erster Linie das Werk eines Kaisers und einiger Dichter. Es traf sich, daß in den letzten Jahren der Republik, als die römische Politik unaufhaltsam ihrem Niedergang entgegentrieb, Rom seine größten Dichter hervorbrachte. Publius Vergilius Maro, oder Vergil, wurde im Jahre 70 v. Chr. in der Nähe von Mantua geboren, etwa zwanzig Jahre nach Lucretius, durch dessen Werk Vergil stark beeinflußt wurde, und siebzehn Jahre nach Catull, den Vergil in seinen ersten Gedichten nachahmte. Fünf Jahre jünger als Vergil war Quintus Horatius Flaccus, der einer seiner besten Freunde werden sollte. Albius Tibullus wurde um 55, Sextus Propertius um 50 und Publius Ovidius Naso 43 geboren. Ovid wurde bereits erwähnt. Sein Beitrag zur Religion war, so könnte man sagen, unfreiwilliger Art. Er war ein hochbegabter Lebemann, was er selbst in die folgenden Worte faßte: »Ich sehe das Bessere und stimme ihm zu, aber ich tue das Schlechtere.« Kaiser Augustus verbannte ihn an einen Ort am Schwarzen Meer, wahrscheinlich wegen seiner Mitwisserschaft bei einem Skandal.

Diese sieben Dichter, alle innerhalb einer Zeitspanne von fünfzig Jahren geboren, begründeten in erster Linie den Ruhm der lateinischen Dichtung. Für unsere Fragestellung sind Catull und Properz kaum von Belang, obwohl Catull ein Werk mit dem Titel *Attis* verfaßt hat, in dem er eine ausgezeichnete Beschreibung der Festlichkeiten zu Ehren dieses Gottes gibt. Tibull verdient Beachtung wegen seiner Treue zu der alten ländlichen Religion; er hat uns mehrere, in reizvolle Verse gefaßte Schilderungen ländlicher Riten hinterlassen.

AUGUSTUS

Der großartige soziale und religiöse Aufschwung, der das noch heute so genannte augusteische Zeitalter kennzeichnete, hatte seinen Ursprung in der Politik des Kaisers Augustus (Ehrenname des Octavian).

Als Julius Caesar am 15. März 44 ermordet worden war, erfuhr man, daß er einen unbekannten Großneffen namens Octavian zu seinem Erben bestimmt hatte. Dieser war erst neunzehn Jahre alt und körperlich schwach; aber er war ein kluger und entschlossener junger Mann und hatte einige hervorragend begabte Freunde. Zunächst arbeitete er mit Antonius zusammen, mit dem seine Schwester Octavia nach dem Tode ihres ersten Mannes eine Zeitlang verheiratet war. Schließlich führte jedoch Antonius' Eifersucht und seine verhängnisvolle Leidenschaft für Kleopatra zu einem endgültigen Bruch. In der Schlacht bei Actium wurden Antonius und Kleopatra geschlagen und flohen nach

Dougga. Wenn die Römer in ihren überseeischen Kolonien Städte errichteten, nahmen sie ihre Götter mit. Daher finden wir in Dougga in Tunesien einen Tempel, der der römischen Triade des Kapitols, Jupiter, Juno und Minerva, geweiht ist.

Oben: Augustus, der Großneffe, Adoptivsohn und Erbe Julius Caesars. Er war der erste römische Kaiser. Seine Außenpolitik zielte auf die Verwirklichung der Pax Augusta, seine Innenpolitik auf die Bewahrung und Wiedererweckung altrömischer Lebensart und Religiosität.

Ganz oben rechts: Ara Pacis, Südseite. Auf dem Relief sind dargestellt: Flamines, Agrippa — mit Schleier, wie es für alle Offizianten vorgeschrieben war —, seine Gemahlin Julia, die Tochter des Augustus, Tiberius und Lucius Caesar. Es handelt sich um wirkliche Menschen, die so dargestellt werden, wie sie damals aussahen, einschließlich des Kindes, das offensichtlich lieber anderswo sein und mit seinem Reifen spielen möchte.

Mitte rechts: Ara Pacis, der Friedensaltar, in seinem heutigen Zustand. Der Altar wurde gegenüber dem Mausoleum des Augustus aus Bruchstücken wieder zusammengesetzt. Augustus hatte Rom den Frieden gebracht, der das Zeitalter der Bürgerkriege beendete. Als Augustus im Jahre 13 v. Chr. von seinem Zug nach Spanien und Gallien zurückkehrte, beschloß der Senat die Errichtung der Ara Pacis auf dem Marsfeld; am 30. Januar des Jahres 9 v. Chr. wurde der Bau eingeweiht. Er zählt zu den Höhepunkten römischer Kunst und setzt den religiösen Ideen der Römer ein eindrucksvolles Denkmal.

Ganz unten rechts: Ein Teil des Frieses vom Ara Pacis, das Mitglieder der kaiserlichen Familie sowie Priester während einer Prozession zeigt.

Gegenüber: Die Dea Roma, die Schutzgöttin und das personifizierte Schicksal Roms. Sie wurde oft — wie hier zusammen mit ihren Priestern und Soldaten — als Kriegerin dargestellt.

Ägypten, wo sie sich das Leben nahmen. Das bedeutete, daß Augustus nunmehr alleiniger Herrscher über die römische Welt war. Es bedeutete auch, daß die römische Welt nach einem Jahrhundert verheerender Kämpfe wieder Frieden bekommen sollte.

Nachdem damit etwas erreicht war, woran kaum noch jemand zu glauben gewagt hätte, machte sich Augustus daran, den Geist Roms und der Römer wiederzubeleben. Sein Ziel war es, den alten römischen Tugenden wieder zu ihrem Recht zu verhelfen, jenen Tugenden, die Rom groß gemacht hatten, die Tugenden eines Camillus, eines Cato oder der Scipionen. Sein eigener Beitrag zu dieser Reform war eindrucksvoll. Er setzte nicht weniger als zweiundachtzig Tempel instand. Im Jahre 13 v. Chr. errichtete er auf dem Marsfeld ein wundervolles Monument, die *Ara Pacis,* den Altar des Friedens, der vor einiger Zeit aus Bruchstücken wieder zusammengesetzt wurde.

Jocelyn Toynbee beschreibt dieses Meisterwerk auf folgende Weise: »Die Ara Pacis offenbart ein stärkeres Geschichtsbewußtsein (als frühere Bildwerke), ein gründlicheres Eingehen auf Fakten und aktuelle Ereignisse, denn sie stellt Menschen der damaligen Zeit dar, deren Identität zum Teil mit Sicherheit oder doch mit hoher Wahrscheinlichkeit festgestellt werden kann, in Marmor gemeißelt, so, wie sie in einem bestimmten Augenblick, am 4. Juli des Jahres 13 v. Chr., ausgesehen haben. Die Süd-

Rechts: Von Dioskurides geschaffene Gemme des Augustus. London, British Museum.

Gegenüber: Bacchus, der Gott des Weines, in Trauben gekleidet, vor dem Vesuv. Museo Archeologico Nazionale, Neapel.

Unten: Ara Pacis, Westseite. Aeneas, das Vorbild des Augustus, opfert der Juno die weiße Sau, ein Dankopfer für seine Ankunft im gelobten Land Italien.

seite nimmt der Kaiser selbst ein, mit den ihn unmittelbar umgebenden Beamten, Priestern und Verwandten; die Nordseite zeigt Mitglieder der religiösen Bruderschaften Roms, städtische Beamte, Senatoren und andere Personen mit ihren jeweiligen Familien, die hinter ihnen zu sehen sind. Auf der Ostseite, die der großen Straße zugewandt ist, finden wir zwei Gruppen mit allegorischen Figuren, die allen Vorübergehenden die weitreichenden und dauerhaften Auswirkungen der *Pax Romana* versinnbildlichen sollen, die nach Augustus' Rückkehr nunmehr feierlich verkündet worden war (er hatte eine lange Reise durch die westlichen Provinzen unternommen): die Kriegsgöttin Roma — da Frieden herrscht, in sitzender Stellung — und Tellus, oder wahrscheinlicher noch das Mutterland Italien, reich gesegnet mit Kindern und allen anderen Gaben des Friedens. Auf der Westseite sind zwei

Oben: Detail der Ara Pacis mit der Darstellung einer Suovetaurilia.

Gegenüber: Augustus von Primaporta (63 v. Chr. — 14. n. Chr.). Rom, Vatikanische Museen.

Unten: Ara Pacis, Ostseite. Die Mutter Erde mit ihren Kindern, umgeben von Gaben des Landes, des Meeres und des Himmels.

legendäre Szenen dargestellt: Aeneas, (der Prototyp des Augustus), wie er der Juno die berühmte weiße Sau opfert, die das Vorzeichen für seine Gründung Laviniums war, ein Dankopfer für seine Ankunft im gelobten Land Italien, und die Szene aus dem Lupercal, wo in Anwesenheit von Mars und Faustulus die (nicht erhaltene) Wölfin Romulus und Remus säugt...

Die Ara Pacis erregt unser Wohlgefallen durch ihre heitere Gelassenheit, ihre vornehme Würde, ihre Intimität und reizvolle Ungezwungenheit, durch ihre Freude an der Natur, ihre zielbewußte Einheitlichkeit und nicht zuletzt durch ihre bescheidenen Ausmaße. Sie verkörpert das Beste, was Rom Italien schenkte, und offenbart jenes vollkommene Gleichgewicht zwischen Stadt und Land, das Augustus zur Grundlage seines Imperiums machen wollte.«

Bei dieser großen Aufgabe standen dem Augustus seine beiden Minister Agrippa und Maecenas als ergebene Diener zur Seite. Agrippa, nach Buchans Meinung »das größte geschichtliche Beispiel eines zum Höchsten berufenen Mannes, der sich aus Treue mit dem zweiten Platz zufriedengibt«, war ein brillanter Feldherr. Er ermöglichte es Octavian, oder Augustus, wie er bald genannt wurde, jenen Frieden zu schaffen, den die Dichter besangen. Agrippa selbst hielt nicht viel von Dichtern und ihren Werken; Maecenas aber war das Bindeglied zwischen Augustus und der literarischen Welt, weshalb von seinem Namen das Synonym für die einsichtsvolle Förderung der Künste abgeleitet wird (Mäzenatentum). Er war ein Nachkomme der etruskischen Könige, ein Edelmann, der nie Wert darauf legte, Senator zu werden, und war mit Vergil und Horaz ebenso eng befreundet wie diese beiden untereinander. Maecenas, Vergil und Horaz sollten einen starken Einfluß nicht nur auf das literarische Vermächtnis Roms, sondern auch auf das Leben seiner Bürger ausüben.

HORAZ

Wir befassen uns hier nur mit den Beiträgen zur religiösen Erneuerung, die das augusteische Zeitalter nach dem Willen seines Kaisers, seiner Minister und seiner Dichter erleben sollte. Obwohl Vergil und Horaz durch eine auf echte Zuneigung gegründete Freundschaft verbunden waren, hätten sie sich im Charakter kaum stärker unterscheiden können. Beide hielten sich für Epikureer; während aber Vergil sechs Jahre lang Schüler des Siron, eines hochangesehenen Lehrers, war, der seinen »Garten« in der Campania hatte, behauptet Horaz, daß er nichts weiter sei als ein »wohlgenährtes Schwein in Epikurs Herde«. Trotzdem spielte auch er seine Rolle bei dieser Wiedererweckung auf religiösem Gebiet; er empfand es sogar als seine Pflicht. Schließlich hatten sich seine Freunde Maecenas und Augustus ihm gegenüber sehr großzügig gezeigt und ihm ein Leben der Muße und der Beschaulichkeit auf seinem geliebten Landgut in den Sabinerbergen ermöglicht. Augustus hatte sogar Horaz zu seinem Sekretär machen wollen und war nicht gekränkt, als dieser das Angebot ablehnte.

Mit unvergleichlicher Eleganz hat Horaz in den sogenannten Römeroden einen moralischen Lebenswandel empfohlen. In kunstvoller Sprache setzte

Oben: Ein astrologischer Globus mit verschiedenen Figuren, die einzelne Sternbilder versinnbildlichen.

Gegenüber: Der Dichter Vergil sitzt zwischen den beiden Musen Clio (Geschichte) und Melpomene (Tragödie). Er hat die Aeneide im ersten Buch aufgeschlagen, dessen elfte Zeile lautet: »O Muse, die Ursachen und die Verbrechen berichte, welche Gottheit beleidigt wurde und woher ihr Haß kam.« Mosaik aus Sousse, Tunesien, 2. bis 3. Jahrhundert n. Chr. Musée National du Bardo, Tunesien.

Links: Ein Weinkrug mit dem Bild des Aeneas, der seinen gelähmten Vater Anchises aus dem brennenden Troja trägt. Nach vielen Irrfahrten landete Aeneas in Italien, wo seine Nachkommen später Rom gründen sollten. Sein Sohn Ascanius wurde unter dem Namen Julius Ahnherr des Geschlechts der Julier. Museo Nazionale di Villa Giulia, Rom.

Gegenüber: Vergil starb 19 v. Chr., war jedoch bereits zu Lebzeiten zu großem Ansehen gelangt. Dieses Fresko aus dem im Jahre 79 n. Chr. zerstörten Pompeji stellt den im Kampf mit Turnus verwundeten Aeneas dar, der behandelt wird, während sein kleiner Sohn Ascanius weint.

er sich für die Wiederherstellung und Benutzung der Tempel (die er selbst selten betrat), für die Abschaffung des Luxus (den er liebte) und für die Festigung der Moral ein. Als im Zuge seiner Erneuerungsbestrebungen Augustus im Jahre 17 v. Chr. beschloß, die Saecularfeiern wieder einzuführen, fiel Horaz, da Vergil zwei Jahre zuvor gestorben war, als inoffiziellem Hofpoeten die Aufgabe zu, eine Ode für diese Feier zu dichten, die das größte Fest der Einigkeit im Römischen Reich werden sollte.

Die *ludi saeculares* leiten ihre Bezeichnung von dem Wort *saeculum* her, womit ursprünglich der Zeitabschnitt gemeint war, der zwischen einem bestimmten Zeitpunkt und dem Tode des ältesten zu diesem Zeitpunkt geborenen Menschen lag, also ungefähr ein Jahrhundert. Ein neues Saeculum konnte deshalb zu jeder beliebigen Zeit beginnen. Augustus entschied, daß im Jahre 17 ein neues Blatt in der Geschichte der Stadt aufgeschlagen werden solle und daß die Bürger durch eindrucksvolle Feiern von dieser Tatsache überzeugt werden müßten. Das Programm für die Feiern war umfangreich, und glücklicherweise wissen wir ziemlich viel darüber.

Am 26. Mai und den zwei folgenden Tagen wurden Materialien, die zur Reinigung benötigt wurden, von den Priestern an alle freien Einwohner Roms verteilt, unabhängig davon, ob sie Bürger waren oder nicht. Sogar unverheiratete Männer, die kurz zuvor von allen öffentlichen Veranstaltungen ausgeschlossen worden waren, wurden zugelassen. Die nächsten drei Tage erschien das Volk vor dem »Kollegium der fünfzehn Männer«, den Quindecemviri, und opferte die ersten Früchte des Jahres, wie es bis zum heutigen Tage bei Erntefesten üblich ist. Genau zur selben Zeit wurden auf den reifenden Feldern die Ambarvalien veranstaltet, und der *penus* der Vesta wurde gereinigt, um die neue Ernte aufzunehmen. Augustus hatte erkannt, wie wichtig die Landwirtschaft und das freie Bauerntum, das von ihr lebte,

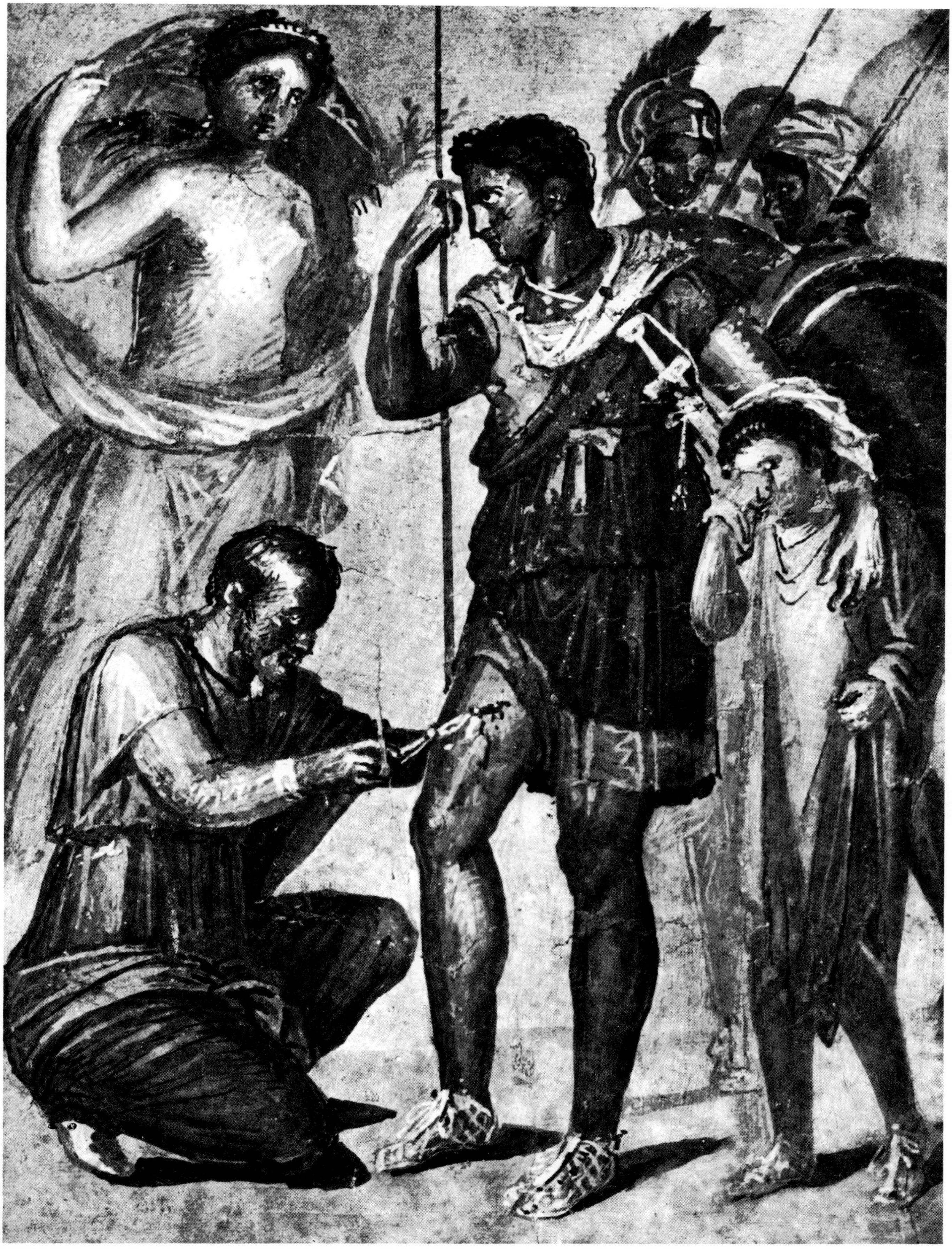

für Rom waren, ganz besonders in einer Zeit, da den Bürgern kostenlos importiertes Getreide zugeteilt wurde. Um die so entstandenen Abhängigkeitsverhältnisse zu beseitigen und dazu beizutragen, die Folgen der durch die Bürgerkriege entstandenen Verwüstungen zu überwinden, widmeten Augustus und Vergil sich mit aller Energie der Aufgabe, die Würde des Bauern wiederherzustellen.

In der Nacht zum 1. Juni opferten Augustus und Agrippa den Fates, die Horaz in seiner Ode erwähnt, in der zweiten Nacht der griechischen Göttin der Kindsgeburt, Eileithyia, und in der dritten der Mutter Erde. Roms Herrscher betete für das Wohlergehen Roms, aber auch für sein eigenes und das seiner Familie. Auch bei Tage wurden Riten vollzogen. An den ersten beiden Tagen brachten Augustus und Agrippa dem Jupiter und der Juno die vorgeschriebenen Opfer auf dem Kapitol dar. Am dritten und letzten Tag wurde der heilige Herd auf den Palatin gebracht, auf dem Augustus wohnte und wo er seinen großen Apollotempel errichtet hatte. Hier wurde auch die Hymne des Horaz gesungen. Sie verherrlicht Rom, ruft eine Reihe von Göttern und Göttinnen an, enthält Gebete und preist die öffentlichen und privaten Tugenden.

Sie wurde von 27 (drei mal drei mal drei) Knaben und ebenso vielen Mädchen gesungen, die alle noch beide Eltern haben mußten. Die Versammlung stieg sodann vom Palatin hinab, zog durch die Via Sacra und über das Forum, dann zum Kapitol auf der anderen Seite, wo die Hymne wiederholt wurde, anschließend begab man sich wieder zurück zum Palatin. »Es handelt sich«, so lesen wir in der *Cambridge Ancient History,* um die typisch römische Form einer Allianz zwischen Thron und Altar, und eine solche Allianz bedeutet, daß der Altar zu der fraglichen Zeit keine politische Erscheinung ohne tiefere Bedeutung ist.«

Die Ode sprach auch in ehrerbietigen Worten von der *Aeneis* des Vergil.

VERGIL

Während sich Horazens Verse durch Charme und Gewandtheit auszeichnen, ist Geistigkeit das hervorstechende Merkmal in Vergils Dichtung. Vergil gleicht keinem Römer, über

Nereiden mit einem Seeungeheuer. Ausschnitt aus einem Fresko aus Lambaesis, Algerien.

Der ruhende Fluß-gott Tiber mit zwei Dienerinnen. Fresko aus Pompeji. Paris, Louvre.

Oben: Juturna nimmt Abschied von ihrem Bruder Turnus. Relief an ihrem Altar auf dem Forum.

Gegenüber: Aeneas verläßt Dido, die Königin von Karthago. Am oberen Rand dieses pompejanischen Freskos ist sein Schiff zu sehen. Nach römischer Auffassung erfüllte Aeneas nur seine Pflicht als Patriot, weil Karthago, der Erbfeind, erst vor kurzer Zeit in einer anderen orientalischen Königin, nämlich Kleopatra, wiedererstanden war.

---

den wir Aufzeichnungen besitzen, und beinahe keinem anderen Dichter. Seine Stellung in der Weltliteratur definiert Dryden sehr genau in einem berühmten Epigramm:

Drei Dichter — Grieche, Römer, Brite
— jeder schmückt
Das Land, das ihn geboren und
beglückt.
Die Höhe der Gedanken ist's, wodurch
der erste glänzt,
Der zweite durch Erhabenheit, im
dritten beides sich ergänzt.
Damit war die Natur erschöpft und
ihre Kraft vorbei:
Sie bildete den dritten aus den ersten
zwei.

Homer, Vergil, Milton — das ist das erhabene Dreigestirn. Vergils Thema ist die Majestät, und zwar eine Majestät geistiger Art. Wenn man sich mit Vergils religiöser Einstellung beschäftigt, muß man sich vergegenwärtigen, daß der dogmatische, kodifizierte Glaube in Rom und Griechenland unbekannt war. Die römische Religion war, wie wir gesehen haben, eher eine Sammlung von Formeln. Welcher Religion der einzelne Römer anhing, war seine eigene Sache; er konnte glauben oder nicht glauben und seine Religion wählen, wie es ihm beliebte. Wie bereits erwähnt, war Vergil anfangs Epikureer, weil die Weltabgewandtheit des Epikureismus seinem Temperament entsprach. Er war von beinahe femininer Empfindsamkeit. Als er in der Nähe von Neapel lebte, wurde er Parthenias genannt: der Name ist eine Mischung aus dem alten Namen der Stadt Parthenope und dem griechischen Wort Parthenos (Jungfrau), zugleich eine Anspielung auf die Ähnlichkeit seines richtigen Namens (Vergil) mit dem lateinischen Wort für Jungfrau (*virgo*).

In Vergils Dichtung finden sich Spuren der Orphik und der neupythagoreischen Philosophie; unsterblich wurde er jedoch durch seine eigenen geistigen Errungenschaften. Die Dichtungen Vergils sind nicht leicht verständlich. Viele seiner Empfindungen scheint er dem vulgären Publikum, vielleicht aus einer Art geistiger Scheu, vorenthalten zu haben. Manchmal drückte er sich offenbar bewußt vieldeutig aus, um eine doppelte Auslegung zu ermöglichen. Als Aeneas seine Fahrt nach Italien, dem Ziel seiner Reise, beschreibt, spricht er davon, er habe »vorübereilende Küsten« gesehen, wendet es aber so, daß »eilend« sich auch auf ihn selbst beziehen kann; vermutlich ist hier auf beides angespielt. Ebenso läßt er einmal ein Kind seine Mutter mit einem Lächeln auf den Lippen wiedererkennen; der lateinische Text läßt jedoch beide Auslegungen zu, nämlich daß die Mutter oder das Kind lächelt; so wird dem Leser vor Augen geführt, daß beide sich gegenseitig anlächeln.

Manchmal wird die Sprache zum Selbstzweck, so daß eine Art Lautmalerei entsteht. *Suadentque cadentia sidera somnum* — »Die sinkenden Sterne raten zum Schlaf«. Hier läßt der Wortklang auf die Bedeutung schließen, wie an einer anderen Stelle, die von den Seelen in der Unterwelt spricht; sie strecken voll Sehnsucht die Hände nach dem anderen Ufer aus: *Tendebantque manus ripae ulterioris amore.* Daneben finden sich aber auch Zeilen, die überhaupt nicht übersetzbar sind.

DIE AENEIS

Vergils Zeitgenossen erkannten seine Größe bald. Seine Eklogen, besonders die vierte, hatten seinen Ruhm begründet; seine *Georgica* konnten ihn noch steigern. Seine *Aeneis* wurde mit ehrfurchtsvoller Spannung erwartet. Properz schrieb: »Macht Platz, ihr römischen und griechischen Schriftsteller: etwas Größeres als die *Ilias* wird geboren.« Die *Aeneis* ist nie vollendet worden. Vergil hatte gebeten, man möge das Werk nach seinem Tode vernichten, aber Augustus erhob Einspruch — und so blieb die Dichtung erhalten.

Dante wählte Vergil als seinen Führer durch das Inferno. Vergils Ansehen in der christlichen Welt gründete sich hauptsächlich auf zwei Gedichte, das eine ein früh- und das andere ein Spätwerk, die vierte Ekloge und das sechste Buch der *Aeneis.* Die vierte Ekloge ist einem Freund, Asinius Pollio, gewidmet, den Vergil als den »einzigen Urheber« seiner Eklogen feiert, und prophezeit die Geburt eines wundervollen Kindes, das das goldene Zeitalter einleiten werde. Niemand weiß, ob Vergil dabei an ein bestimmtes Kind dachte oder ob er nur seine allgemeine Hoffnung auf den Anbruch eines neuen Zeitalters zum Ausdruck bringen wollte, das in der Folge wirklich begann. Sowohl Vergil als auch Pollio könnten durchaus die hebräischen Prophezeiungen über das Erscheinen des Messias und die damit verbundene Idee einer Wiedergeburt der Menschheit gekannt haben.

Sicher ist, daß die vierte Ekloge in der frühesten Zeit des Christentums als eine Vordeutung auf die Geburt Christi angesehen wurde, die weniger als vierzig Jahre danach stattfand. Kaiser Konstantin bezieht sich in der Rede, in der er das Christentum zur zukünftigen römischen Staatsreligion erklärt, ausdrücklich auf die vierte Ekloge. Die Legende um Vergil rankt sich bis ins Mittelalter fort, jedoch liegen diese Fragen außerhalb unserer Betrachtung. Vergils Einfluß auf das spezifisch römische Denken gründet sich viel mehr auf die *Aeneis* als auf die Eklogen. Endlich gab es einen echt römischen Mythos, ein Werk römischen Geistes, das Größe und Geschick Roms erläuterte. Die Aeneassage war mit Sicherheit schon im 5. Jahrhundert v. Chr. bekannt.

Ein Beweis hierfür ist eine etruskische Terrakottafigur, die sich jetzt in der Villa Giulia in Rom befindet. Die

Sage berichtet von dem guten Sohn Aeneas, der mit seinem Vater Anchises aus dem brennenden Troja flieht. Anchises stirbt, und Aeneas wird nach Libyen verschlagen, wo er der Geliebte der Dido, der Königin von Karthago, wird. Seiner Berufung und seiner Pflicht folgend, verläßt er Dido, die sich daraufhin das Leben nimmt. Schließlich erreicht Aeneas Latium. Mit Hilfe der Sibylle von Cumae besucht er die Unterwelt, wo er Dido begegnet, mit seinem Vater zusammentrifft und die Seelen vieler Menschen erblickt, die nach ihm leben werden, darunter auch die des Marcellus, des Neffen von Kaiser Augustus. Euander bewirtet ihn an dem Ort, wo später Rom erbaut werden soll. Venus schickt Aeneas einen von Vulkan geschmiedeten Schild, auf dem Szenen aus der späteren römischen Geschichte dargestellt sind, auch das weltweite Römerreich und Augustus' Sieg bei Actium.

Die Rutuler unter ihrem König Turnus widersetzen sich Aeneas, der nach harten Kämpfen siegreich bleibt. Er heiratet Lavinia, eine einheimische Prinzessin, und läßt sich in Latium nieder, wo er und seine Mannen fortan nicht mehr als Trojaner, sondern als Latiner bezeichnet werden.

Diese Geschichte mit all ihren Abenteuern, erzählt in unvergleichlichen Versen, wurde auf Anhieb die Bibel der Römer. Menschen aus allen Volksschichten kannten sie auswendig. Sie verherrlichte Rom und zeigte, wie *gravitas, pietas* und *dignitas* sich zu den höchsten Tugenden entwickelten und daß leidenschaftliche Liebe, wie die zwischen Dido und Aeneas — oder zwischen Antonius und Kleopatra —, schließlich ins Verderben führen mußte. Die Götter, das Fatum, das oft noch über den Göttern stand, die übernatürlichen Weissagungen der Sibylle, das Leben nach dem Tode, die Pflichten gegenüber dem Nächsten und dem Staat — all das wurde hier zu einem großen, nahtlosen Ganzen verwoben. Vor allem aber wurde das Schicksal des kaiserlichen Rom vorhergesagt. Am Ende des sechsten Gesangs macht Anchises die folgende Prophezeiung:

»Andere mögen immer das Herz lebend'ger beseelen,
Leben atmende Helden aus Marmor künstlicher bilden
Oder als bessere Redner das Recht zu verfechten verstehen,
Mögen den Kreislauf des Himmels mit richtigem Maßstab bestimmen,
Und den Aufgang der Sterne bezeichnen: Dein Augenmerk, Römer,
Deine Kunst sei, die Welt zu regieren, Friedensgesetze
Völkern zu geben, Besiegte zu schonen, Stolze zu beugen.«

Vergils Bedeutung für die Religion hat Pierre Boyancé in seinem Buch *La*

Religion de Virgile (Paris 1963) folgendermaßen beschrieben:

»Vergil war der vollkommene Ausdruck seiner Zeit und seines Landes. Ein Repräsentant seiner Zeit, weil er die freiwillige Rückkehr zu den Traditionen der Vergangenheit mit der Aufgeschlossenheit gegenüber allem Wertvollen verband, das das griechische Erbe bot: die Schönheit der Dichtkunst und die Wahrheit der Philosophie. Ein Repräsentant seines Landes, weil Rom seit jeher sehr verschlossen und sehr offen war: sehr verschlossen aufgrund seines anmaßenden Glaubens an die Überlegenheit seiner moralischen Stärke und seiner Frömmigkeit, sehr offen durch die nicht minder starke Gewißheit, daß die Götter auch anderen Menschen Gaben verliehen hatten, die man sich zunutze machen mußte ... Es ist unmöglich, Vergil zu bewundern und gleichzeitig Rom zu verdammen. Für die Nachwelt ist er der begeistertste, aber auch der gewissenhafteste Interpret Roms ...

Vor allem die vierte Ekloge und das sechste Buch der *Aeneis* sollten in den Augen der Nachwelt Vergil als einen begnadeten Propheten erscheinen lassen. An diese Verse mußte die Christenheit sich halten, denn in ihnen fand sie einen Teil ihrer eigenen Offenbarung. In ihnen vermittelt uns Vergil den Eindruck, als habe er sich über seine Zeit und sein Land erhoben ... Er allein wußte, wie man die Geschichte Roms mit der Geschichte der ganzen Menschheit verbinden mußte, an der das Universum selbst Anteil hatte. Darin kommt seine seelische Tiefe zum Ausdruck, und hier werden die Seelen nicht in die Irre geführt: ihm wurde die Ehre zuteil, Dante zur Schwelle des Paradieses zu geleiten.«

Rom, die Ewige Stadt, an den Ufern des Tiber gelegen und von schützenden Hügeln umgeben. Auf dem Höhepunkt seiner Macht gab es in Rom zahlreiche eindrucksvolle Monumente und Tempel. So errichtete beispielsweise Augustus ein neues *Forum Augusti,* einen Palast auf dem Palatin, neue Aquädukte und viele andere Bauwerke. Oft wurden diese Bauten auf Kosten des Lebensraums verwirklicht, und das niedere Volk mußte weiter in beengten und unhygienischen Verhältnissen leben. Große Brände boten die einzige Gelegenheit zur Sanierung alter Stadtteile.

ROMA ANTIQUA
Aqua Martia Tepula et Iulia
Aqua Claudia et Anio novus
Porta et Via Tiburtina
Porta Praenestina
Porta Lavicana
Hipodromus Aureliani
Aqua Cabra
Via Campana
Via Latina
Vallis Aegeria
Porta Latina
T Minerva Medica
Viminali
Cast. Aqua
Ther. Philippi
Hor. Gal
T. Veneris
T. Isidis
Horti Maecenatis
Domus Laterani
Mons
Dom. Faust Const
Castra Peregrina
Ludus Gallicus
Regio II Caelimontium
Coelius
Tem Fauni
Ther medinae
Arcus Traiani
Arc Drusi Neronis
Ludus Matutinus
Ther Antonianae
Regio XII Piscina Publica
Septizonium
Ther Severianae
Aqua Anto
Porta et Via Ardeatina
Circ Cavacalla
Castrum
Horti Terentiana
Via Appia
Sepulch Metellae
Meridies
Amp. Vespasiani
Ianus
Circ Maximus
Armilustrum
Atrium Libertatis
Mons
Regio XIII Auentinus
Temp Iunonis Reginae
T Benadia
Porta Tregemina
Sepulc Cesty
Deliolum
Via Ostiensis
Horti Cesaris
1 T Iouis Capitolinus
2 T Vestae
3 T Pacis
4 T Romae
5 T Faustinae
6 T Saturni
7 T Iouis Statoris
8 Ar Seueri Boarij
9 Settizoniū Seueri
10 Insula Tiberina olim Iouis Licaonij
11 T Fortunae Virilis
12 P. Portumni
13 Meta Sudans
14 Arcus Domitiani
15 Arcus Gordiani
16 Ar Marci et Veri
17 Ther Alexandrino
18 Th Neronianē et Adri
19 Forū et T Minervae
20 Curia Hostila
21 Basilica Al Severi
22 Basil Antonia
23 Pons Ianiculus
24 Pons Palatinus
25 Basil Augusta
26 T Mart Vltoris
27 Basil Al Seuen
28 Pal Augusti

Christus und Caesar

DAS CHRISTENTUM

»La venue même du Christ n'a rien qui étonne quand on a lu Virgile.« So sehr dieses Wort Sainte-Beuves für das 19. Jahrhundert zutreffen mag — für die Menschen des 1. Jahrhunderts n. Chr. gilt es keineswegs. Obwohl alle Welt Vergil las, rief das Erscheinen Christi höchstes Erstaunen hervor.

Wann die christliche Botschaft Rom erstmals erreichte, wissen wir nicht genau. Sie war natürlich eng mit der jüdischen Lehre verknüpft. Wie wir gesehen haben, waren die Juden schon im Jahre 139 v. Chr. aus Rom vertrieben worden, weil sie nach den Worten des Valerius Maximus »versucht hatten, die Moral der Römer durch den Kult des Jupiter Sabazios zu untergraben«. Ebenso haben wir gesehen, wie gegen Ende der Republik die Herrscher Roms den Juden ihre Gunst schenkten und ihnen Privilegien gewährten. Der Kaiser Caligula, der im Jahre 37 n. Chr. Roms dritter Imperator wurde, schaffte diese Privilegien ab. Claudius, der im Jahre 41 sein Nachfolger wurde — und seine Thronbesteigung weitgehend seinem jüdischen Freund Agrippa verdankte —, führte sie sofort wieder ein; aber im Jahre 49 verbannte er nach Suetons Berichten die Juden, die »auf Betreiben des Chrestus (gemeint war Christus) ständig Aufruhr verursachten.«

Aus diesem Bericht müssen wir folgern, daß die Mehrheit der Juden — wie in Jerusalem und anderswo — die christliche Lehre verwarf und sich gegen diejenigen wandte, die den christlichen Glauben angenommen hatten, der nicht nur die Ankunft des Messias verkündete, sondern auch zuließ, daß Nichtjuden zu seinen Anhängern gehörten.

Aus dem Brief des Paulus an die Römer, den er einige Jahre später schrieb, wissen wir, daß der christlichen Gemeinde in Rom auch Nichtjuden angehörten, obwohl das Christentum zu der Zeit noch kaum vom Judentum unterschieden wurde. Zur Zeit der Feuersbrunst im Jahre 64 n. Chr. war die Existenz einer selbständigen christlichen Gemeinde in der Stadt durchaus bekannt. Ob man die Christen tatsächlich als Brandstifter beschuldigte, ist nicht gewiß, aber daß sie ihres christlichen Glaubens wegen angeklagt wurden und daß Nero den Verdacht einer Brandstiftung auf sie lenkte, steht außer Frage.

All das geschah innerhalb einer Generation nach der Kreuzigung Jesu von Nazareth. Worin waren diese Ereignisse begründet?

Die Antwort ist vielgestaltig. Daß Vergil das römische Geistesleben bereichert und Rom Vergil akzeptiert hatte, kann nicht in Abrede gestellt werden. Um T. R. Glover zu zitieren: »Wenn wir von der ›harten römischen Welt‹ sprechen, dürfen wir nicht vergessen, daß es die Welt Vergils war und daß sie Vergil liebte.« Jeder Schuljunge las Vergil, Müßiggänger kritzelten Verse von Vergil an die Häuserwände in Pompeji, Soldaten schmückten ihre Unterkünfte an fernen Fronten mit Zitaten aus der *Aeneis.* Jedoch war Vergil nicht der einzige, dessen Ideen Einfluß auf das römische Denken gewannen. Im folgenden Jahrhundert verbreiteten die aus Spanien stammenden Senecas, Vater und Sohn, in Rom eine neue Form des Stoizismus. Die Lehren des jüngeren Seneca blieben mehrere Jahrhunderte lang wirksam und beeinflußten nicht nur die ersten englischen Dramatiker, sondern auch die Begriffswelt Racines und den Aufbau seiner Dramen. Die besten Römer der frühen Kaiserzeit erhoben zweifellos zu Recht den Anspruch, etwas Besseres zu sein als ihre Vorfahren. Es dauerte jedoch drei Jahrhunderte, bis der christliche Glaube sich durchsetzen und schließlich mit den besten Bestandteilen der heidnischen Überlieferung zu einem neuen Ganzen verschmelzen konnte.

CHRISTENTUM UND STAAT

Die Gründe für den Widerstand des Staates gegen die neue Religion sind mannigfaltig, und seine Einstellung zu ihr schwankte zwischen Toleranz und Verfolgung. Natürlich richteten sich diese Einwände nicht gegen die Religion als solche, da, wie wir gesehen

Der römische Kaiser Trajan (53—117 n. Chr.). Er nahm die Eroberungspolitik Caesars wieder auf. Unter seiner Herrschaft erreichte das Römerreich seine größte Ausdehnung.

haben, die Religion des einzelnen römischen Bürgers seine Privatangelegenheit war; die Staatsreligion war jedoch, wie ebenfalls deutlich wurde, auch ein politisches Problem.

Der Widerstand gegen die christliche Religion war deshalb politischer Natur. Zwar wurden hin und wieder auch andere »fremde Götter« unterdrückt, aber zwischen Mithras und Isis, um nur zwei Beispiele zu geben, und Christus bestanden gewaltige Unterschiede. Zum einen hatte nie jemand Mithras oder Isis gesehen, ebensowenig Serapis oder irgendeinen der anderen Götter. Christus dagegen hatten sehr viele Menschen in einer der volkreichsten Provinzen der römischen Welt mit eigenen Augen sehen können.

Lange Zeit war die Haltung des Staates gegenüber den Christen merkwürdig unbestimmt. Gegen Ende des 1. Jahrhunderts hatte die christliche Religion nicht nur in Rom, sondern auch im ganzen übrigen Römerreich und in allen Gesellschaftsschichten Anhänger gefunden. Es ist ein Irrtum, anzunehmen, daß der christliche Glaube seine Anziehungskraft nur auf die ärmeren, unteren Volksschichten ausübte. Zutreffend jedoch ist, daß die meisten frühen Christen arm waren. Das hat zwei Gründe. Zum einen waren in einer Gesellschaft, in der die Armen von den Reichen ausgebeutet wurden, die Armen in der Überzahl, und eine Religion wie das Christentum mußte mit ihrem universellen Anspruch stärker auf die Armen als auf die Reichen wirken. Der zweite Grund ist in dem tiefverwurzelten Konservatismus zu suchen, der, wie wir schon mehrfach gesehen haben, so kennzeichnend für das Denken der Römer war. Tatsächlich waren schon die Worte *res novae,* »neue Dinge«, gleichbedeutend mit Umsturz.

Trotz alledem fand der christliche Glaube von Anfang an auch Anhänger unter Männern und Frauen gehobener Gesellschaftsschichten. Joseph von Arimathia, Johanna, die Frau von Herodes' Verwalter, Sergius Paulus, der Statthalter von Zypern, Publius, der vornehmste Bürger Maltas — das waren nur die ersten in einer langen Reihe. Während so der Glaube sich verbreitete und sich in einer organi-

sierten Gemeinschaft noch festigte — was keiner der übernommenen heidnischen Religionen je gelungen war —, zog er nicht nur einfache Seelen in seinen Bann, die sich nach dem *salus*, der Erlösung oder dem Seelenheil, sehnten, sondern auch Menschen von höherer Geistesbildung.

Die Christen wußten genau, woran sie gebunden waren, in diesem wie auch im späteren Leben; der römische Staat aber wußte es nicht. So läßt sich auch erklären, weshalb seine Einstellung zum Christentum solchen Schwankungen unterworfen war. Der römische Kirchenhistoriker Eusebius, der im 4. Jahrhundert lebte, berichtet uns, daß Ulpian, der große Jurist des vorhergehenden Jahrhunderts, einen Katalog aller kaiserlichen Edikte im Zusammenhang mit dem Christentum (dem Ulpian feindlich gegenüberstand) zusammengestellt hatte. Dieser Katalog ist nicht erhalten, da er natürlich verboten wurde, als die Kaiser selbst Christen geworden waren.

Deshalb können wir uns von dem Kampf zwischen Kirche und Staat nur ein ziemlich unvollständiges Bild machen. Neros Angriff auf die Christen wurde schon erwähnt; aber dabei handelte es sich um einen bloßen Notbehelf, nicht um eine politische Maßnahme. Domitian verfolgte in den letzten Jahren des 1. Jahrhunderts die Christen, aber er verfolgte schließlich jeden, der ihn nicht als Herrn und Gott anerkennen wollte. Die erste uns erhaltene Urkunde über die Einstellung des Staates zum Christentum stammt aus dem Jahre 112. Kaiser Trajan hatte zum Statthalter der Schlüsselprovinz Bithynien seinen persönlichen Freund Plinius bestimmt, den berühmten Neffen des Procurators und Enzyklopädisten Plinius, der ums Leben gekommen war, als er versucht hatte, während des Vesuvausbruchs im Jahre 79 n. Chr. Freunde aus dem zerstörten Pompeji zu retten. Wie sein Onkel war auch Plinius der Jüngere eher ein Mann des Wortes als der Tat, und deshalb holte er sich in schwierigen Situationen stets Rat bei seinem Kaiser.

So berichtet er einmal, er sei mit Leuten in Berührung gekommen, die man Christen nenne. Er glaube nicht, daß sie wirklich schlechte Menschen seien, aber es lasse sich nicht von der Hand weisen, daß sie »sich träfen und Zusammenkünfte abhielten«. Für uns liegt darin kaum ein strafbares Verhalten, aber in einer Welt, in der jede Art eines Zusammenschlusses, und sei es nur in Form einer Handwerkerzunft, als staatsgefährdend angesehen wurde, mochte dies eine ernsthafte Anschuldigung sein. Trajan verweigerte sogar seine Zustimmung, als Plinius ihm einmal schrieb, in einer seiner Städte habe ein großer Brand gewütet und er schlage vor, eine stän-

Rechts: Der gute Hirte. Diese seltene Statue aus einer römischen Katakombe befand sich früher im Lateranmuseum und steht jetzt in den Vatikanischen Sammlungen. Abgesehen von der Schönheit ist sie sehr wichtig, da sie die Kontinuität vieler religiöser Themen beweist. Sie ist der direkte Nachfolger der Statue des Kalbträgers (ca. 570 v. Chr.) im Akropolismuseum in Athen.

Gegenüber: Zecher bei einem Festgelage. Fresko aus dem Grab der Leoparden, ungefähr 480—470 v. Chr.

dige Feuerwehr aufzustellen, deren Mitglieder »sorgfältig überwacht« werden sollten. Trajan war überzeugt, diese Männer würden eine politische Gruppe bilden und sich gegen den Staat verschwören.

Im gleichen Sinne schreibt er Plinius wegen der Christen: »Es läßt sich keine allgemeingültige Regelung treffen, die eine bestimmte Verfahrensweise für alle Gelegenheiten vorschreiben würde. Man soll sie nicht aufspüren; aber wenn sie angeklagt und überführt werden, müssen sie bestraft werden.« Plinius solle jedoch nichts auf anonyme Anschuldigungen geben, die »unseres Zeitalters unwürdig« seien.

Selbst Trajan, Roms größter kaiserlicher Feldherr, der Mann, der die Grenzen des Reiches am weitesten hinausschob, konnte in diesem Punkte also keine präzisen Anweisungen geben. Sein Nachfolger Hadrian führte diese unentschiedene Politik fort, wie

Links und rechts: Gaius Julius Caesar (100—44 v. Chr.). Er weitete die Römerherrschaft unter anderem nach Mitteleuropa aus und verfügte eine Neuordnung des Römischen Reiches. Die Gedenktage zu wichtigen Ereignissen in seinem Leben wurden in die Reihe der *feriae publicae* aufgenommen. Mit ihm, der nach seinem Tode als Divus Julius unter die Staatsgötter eingereiht werden sollte, begann die göttliche Verehrung der römischen Machthaber. London, British Museum.

Gegenüber, links: Tiberius, der von 14 bis 37 n. Chr. als römischer Kaiser regierte, hatte jeden Versuch, ihn zum Gott zu erklären, entschieden zurückgewiesen. Trotzdem blieb der Kaiserkult bestehen.

Gegenüber, rechts: Die Glücksgöttin Fortuna, die Verkörperung des Schicksals, wurde von den Römern der griechischen Tyche gleichgesetzt. Sie ist hier mit einem Füllhorn und einem Ruder dargestellt, da sie das Leben der Menschen lenkt. Ihr bedeutendster Tempel stand in Praeneste. Er enthielt ein Orakel, dessen Hierophant durch geheimnisvolle Buchstaben weissagte, die als die *sortes praenestinae* bekannt sind. Vatikanische Sammlungen, Rom.

wir aus einem Brief Hadrians an seinen Statthalter in Asien wissen. Offenbar konnte sich die Regierung nicht zu einer bestimmten Haltung der neuen Religion gegenüber entschließen. Vielleicht dachte man, sie würde wieder untergehen wie so viele andere Kulte vor ihr oder sie stelle ebensowenig wie diese anderen Religionen eine Bedrohung für den Staat dar. Viele Leute, die mit Christen bekannt waren, hielten sie nicht nur für gütige Menschen, sondern auch für gute Bürger. Aber selbst in den ersten Jahren der Christenheit gab es Ausschreitungen gegen sie, die manchem das Märtyrertum auferlegte. In der Regel gingen diese Ausschreitungen vom Pöbel aus, nicht von den Herrschenden, die nur eingriffen, um die Bevölkerung durch die Hinrichtung von Christen zu besänftigen.

Das Opfer solcher Maßnahmen wurde vermutlich auch Ignatius von Antiochien, der zu Trajans Zeiten nach Rom entsandt und dort hingerichtet wurde; mit Sicherheit aber trafen sie Polykarp und dessen Gefährten, die um das Jahr 155 in Smyrna den Märtyrertod starben. Im Jahre 177 wurde eine Gruppe von Christen unter unvorstellbaren Greueln in Lyon hingerichtet. Von solchen vereinzelten Ausbrüchen abgesehen, wurden die Christen geduldet, aber mit der Duldung hatte es sein Bewenden; immer wieder baten sie darum, man möge ihre Rechtsstellung festlegen und anerkennen, jedoch ohne Erfolg. Wenn etwas gegen sie unternommen wurde, so war es seit Plinius' Tagen das Bestreben des Magistrats, sie zu überzeugen, anstatt sie zu bestrafen; den Herrschenden waren abtrünnige Christen lieber als Märtyrer.

Welches sind die Hintergründe dieser so unrömischen Unentschlossenheit im Hinblick auf die Christen? Worin bestand in den Augen der Gesetzeshüter ihr Verbrechen? Es gibt keine Erklärung, die für alle Einzelfälle zutreffen würde. Greifen wir auf Tacitus, eine der frühesten heidnischen Quellen, zurück. Tacitus war ungefähr zur selben Zeit Statthalter in Asien, als sein Freund Plinius Bithynien verwaltete, muß also mit den Christen und ihrem Glauben vertraut gewesen sein. Über die Entstehung des Christentums schreibt er folgendes: »Christus, von dem ihr Name sich herleitet, empfing von den Händen eines unserer Prokuratoren, Pontius Pilatus, die schwerste Strafe; der tödliche Aberglaube, der so für den Augenblick unterdrückt worden war, brach sich bald darauf erneut Bahn, und zwar nicht nur in Judäa, dem Ausgangspunkt des Übels, sondern auch in Rom, wo alles Fürchterliche und Schändliche aus allen Teilen der Welt zusammentrifft und populär wird.«

Der Stifter des neuen Glaubens war ein rechtmäßig verurteilter Verbrecher, der wegen eines politischen Vergehens gekreuzigt worden war — diese Grundtatsache hätte jeden loyalen Bürger und guten Römer abschrecken müssen. Daraus folgte, daß diejenigen, die diesen Verbrecher nicht nur verehrten, sondern regelrecht anbeteten, selbst Verbrecher sein mußten. Die Christen erkannten dies, weshalb sie sich in den ersten Jahrhunderten scheuten, das Kruzifix als Symbol zu verwenden. Sie zogen es vor, Jesus als den Sonnengott darzustellen, sehr oft auch als den Guten Hirten oder als das Jesuskind mit seiner Mutter, häufig zusammen mit den Weisen aus dem Morgenlande.

Ein weiterer Punkt, den der Staat bei seiner Einstellung zum Christentum in Betracht ziehen mußte, war die Haltung der Christen gegenüber dem Staat. Diese war, in wenigen Worten, dadurch gekennzeichnet, daß sie sich zwar verpflichtet fühlten, *für* den Kaiser zu beten und ihm, wie ihr Herr es sie gelehrt hatte, zu geben, was ihm gebührte, daß sie ihn aber nicht *anbeten* konnten.

DIE GÖTTLICHEN KAISER

Wie war es dazu gekommen, daß man die Kaiser als Götter anbetete? Die göttliche Verehrung der Könige war im Orient von altersher bekannt. In Ägypten war der Pharao seit Jahrtausenden als Gottheit betrachtet worden. Als nach der Eroberung durch Alexander eine griechische Dynastie die Pharaonen ablöste, schien es nur natürlich, daß auch diese neuen Herrscher als Götter verehrt werden mußten. Tatsächlich hatte Alexander selbst durch seine berühmte Pilgerfahrt zu dem Heiligtum des Ammon in den Augen vieler seiner Untertanen die Aura eines Gottes erworben. Einen Menschen zum *divus* zu erklären stand im denkbar schärfsten Gegensatz zu dem christlichen Glauben, daß der eine und einzige Gott Mensch geworden war. Hier lag die Wurzel aller Streitigkeiten. Für einen Christen war es Blasphemie, einem Menschen göttliche Eigenschaften zuzusprechen.

Aber genau das taten die Römer in wachsendem Umfang. Julius Caesar war nach seinem Tode zum Gott erhoben worden. Augustus ließ sich zwar aus Klugheit *Divi filius,* Sohn einer Gottheit, nennen, beanspruchte selbst aber nicht den Rang eines Gottes. Es hätte die Gefühle der Römer zutiefst verletzt, wenn ein *lebender* Römer als Gott verherrlicht worden wäre. Immerhin ließ er zu, daß sein *genius* verehrt wurde. Tatsächlich wurde er trotz seiner politischen Skrupel als göttlich verehrt, nicht nur im leidenschaftlichen Orient, sondern auch in Rom selbst. Vergil besang den von Augustus geschaffenen Frieden als das Werk »eines Gottes« — *deus nobis haec otia fecit.* Horaz zeichnet in einer seiner Oden ein Bild des Augustus, wie er zwischen zwei heidnischen Göttern ruht und mit purpurnen Lippen seinen Nektar schlürft — *quos inter Augustus recumbens purpureo bibit ore nectar.*

Unterschiedliche Gottesauffassungen lagen also dem jahrhundertelangen Streit zwischen christlichem und heidnischem Glauben zugrunde. Man sprach einfach nicht dieselbe Sprache. Die römische Konzeption der Göttlichkeit war vage und undogmatisch. So konnte beispielsweise sogar das Schicksal, Fortuna, als Göttin angesehen werden. Sie war die Erstgeborene Jupiters und half den Frauen bei der Geburt. Eine ihrer Erscheinungsformen war die Fortuna Primigenia, der man in Praeneste (Palestrina) einen glanzvollen Tempel geweiht hatte, worin sich ein Orakel befand. Sie war mächtig und bedeutend — und doch sind die Vorstellungen der Römer von Fortuna und ihrem »Glücksrad« sehr unklar gewesen.

Ähnlich wie mit Fortuna war es auch mit der Göttlichkeit der Caesaren bestellt. Augustus' Nachfolger Tiberius, der seinen Vorgänger in allem getreulich nachahmte, lehnte die göttliche Verehrung bewußt ab. »Ich muß zugeben, daß ich sterblich bin«, sagte er. Domitian ließ sich als Gott feiern, aber die Göttlichkeit der Kaiser war noch lange kein allgemein anerkannter Grundsatz. Nach Claudius' Tod schrieb Seneca eine Satire, worin er sich über die Idee der Vergottung der Kaiser nach ihrem Tode lustig machte. Neros Nachfolger Vespasian spottete: »Ich glaube, ich werde ein Gott«, als er den Tod herannahen fühlte. Doch dessenungeachtet entwickelte sich aus einer ursprünglichen Schmeichelei nach und nach ein echter Glaube.

Eugénie Strong, eine führende Kennerin römischer Skulpturen, hat recht überzeugend dargelegt, daß der Brauch, einen Kaiser als die zentrale Figur einer Gruppe an einem Tempel darzustellen — also genau an der Stelle, die in der griechischen Bildhauerkunst die Götter eingenommen hatten —, zur Verbreitung des Gedankens beitrug, diese zentrale Figur müsse ein Gott sein. Es wäre ungefähr das gleiche, wenn man eine Heiligenfigur aus dem Seitenschiff eines Domes auf den Hochaltar versetzen würde. Diese Wandlung erfuhr auch der Kaiserkult. Der Kaiser war Gott, und ihm mußte gegeben werden, was des Kaisers und Gottes war. Für einen Christen lag hierin ein unerfüllbarer Anspruch.

DIE REAKTION AUF DIE CHRISTLICHE LEHRE

Schließlich spielten in der Haltung des Staates gegenüber dem Christentum Verleumdungen eine Rolle, die auf die christlichen Formen des Gottesdienstes zurückzuführen waren. Wie wir aus der Apostelgeschichte wissen, versammelten sich die Frühchristen zum Gottesdienst in Privathäusern. Dieser Brauch blieb erhalten, und die frühesten christlichen Kirchen in Rom, wie zum Beispiel S. Martino ai Monti, S. Pudenziana oder SS. Giovanni e Paolo, wurden über den Häusern errichtet, die dort gestanden hatten. In diesen Häusern trafen sich getaufte Gläubige vor Tagesanbruch, um die

Eucharistie zu feiern, die, wie schon der Name sagt, gleichzeitig Dankgottesdienst und Liebesfest war. Die Leute wußten, daß den Teilnehmern ein *sacramentum* verabreicht wurde, dessen äußere Form die Aufnahme von »Leib und Blut des Menschensohnes« war; auch war bekannt, daß die Christen einander als Brüder und Schwestern anredeten. Zu dem Vorwurf staatsfeindlicher Umtriebe gesellten sich bald auch böswillige Beschuldigungen, die auf Kannibalismus und Inzest lauteten. Viele ernstzunehmende Leute glaubten daran, unter ihnen auch einer der Lehrer des Mark Aurel.

Diese drei Quellen der Feindseligkeit wirkten zusammen, so daß schon die bloße Erwähnung der Christen zu einem Vergehen wurde. Die Christen hingegen konnten und wollten keine Kompromisse schließen. Ihre Standhaftigkeit war sprichwörtlich — Mark Aurel selbst erwähnt es einmal. Schließlich muß noch das untadelige Verhalten der Christen in Betracht gezogen werden. Zwar gab es einige Heiden, die ihr Leben nach den Lehren Zenons oder Epikurs ausrichteten und deren Haltung ohne Fehl war; aber der allgemeine Umgangston war roh und zügellos, und wie immer haßte die Gesellschaft diejenigen ihrer Mitglieder, die ihre Laster nicht teilten. So hatte sie auch eine grundsätzliche Abneigung gegen die Christen.

Immer mehr Menschen aber suchten im christlichen Glauben, was sie nirgends sonst finden konnten — Trost und Beistand. Im 2. Jahrhundert war die Kirche stark genug, um sich in literarischer Form zu äußern. Die Christen selbst hielten sich an das Neue Testament, sie glaubten jedoch, daß es anderer Mittel bedürfe, um nicht nur das Herz, sondern auch den Verstand der noch nicht Bekehrten zu erreichen. Die ersten Apologeten traten zur Zeit Hadrians (117—138) auf den Plan. Sie schrieben in griechischer Sprache, die nicht nur die Kultursprache, sondern bis um die Mitte des 3. Jahrhunderts auch die Sprache der römischen Kirche war. Die älteste auf uns gekommene Apologie, die des Aristides, eines athenischen Philosophen, wendet sich an Hadrians Nachfolger Antoninus.

Diese Schrift will erklären, wer die Christen sind, wer Jesus war und was er lehrte. Aristides' Zeitgenossen Justin aus Neapolis (Nablus) in Palästina hatte die Suche nach der Wahrheit zu manchem Heiligtum geführt, bis er schließlich zum Christentum bekehrt wurde und sich in Rom niederließ, wo er eine Schule zur Glaubensunterweisung eröffnete und im Jahre 165 als Märtyrer starb. Justin begnügte sich nicht einfach mit dem Nachweis, daß die Christen keine Atheisten seien. Er versuchte darzulegen, daß ihre Lehre in der Vergangenheit wurzele und mit der griechischen Philosophie in Einklang stehe. Er erklärt die Lehre vom *logos,* die sowohl in der griechischen als auch in der jüdischen Philosophie eine Rolle spielte und den Anfang des Johannes-Evangeliums bildet.

Andere waren Justin gefolgt, die wie er aus den östlichen Provinzen kamen, unter ihnen Clemens von Alexandrien. Der von ihm verurteilte Hang zur Tradition sollte während der folgenden Jahrhunderte in den Christenverfolgungen gipfeln, obwohl die Christen keine Revolutionäre waren. Hier ist Clemens' Plädoyer für den Fortschritt aus seinem *Protreptikos* (X, 89):

»Ihr sagt, es sei unvernünftig, eine Lebensweise von Grund auf zu ändern, die von unseren Vorvätern auf uns gekommen ist. Warum ernähren wir uns dann nicht unser ganzes Leben lang von unserer ersten Nahrung, der Milch, an die uns, wie ihr zugeben werdet,

Rechts: Kaiser Claudius, der von 41 bis 54 n. Chr. regierte. Dieser auffallend schöne Kopf wurde vor einigen Jahren in einem Bach in der Nähe von Benhall in Ostengland gefunden. Er muß aus Camulodunum (Colchester), dem wichtigsten Hafen Englands und dem Stützpunkt für den Eroberungsfeldzug des Claudius, stammen.

Gegenüber: Dieses Relief aus Ravenna aus dem 1. Jahrhundert n. Chr. zeigt den zum Gott erhobenen Augustus mit Angehörigen der Familien der Julier und Claudier. Augustus lehnte die Vergöttlichung ab; doch was als Schmeichelei begonnen hatte, verhärtete sich zum Dogma.
Nicht alle nahmen es ernst. Vespasian (Kaiser von 69—79 n. Chr.), ein unerschütterlicher Bauer, scherzte, den nahen Tod vor Augen: »Ich glaube, ich werde ein Gott.« Doch im Tempel des Vespasian in Pompeji war ein Altar dem römischen Kaiserkult gewidmet.

unsere Ammen von Geburt an gewöhnt haben? Warum mehren oder verkleinern wir unser Familienvermögen, anstatt es in demselben Wert zu erhalten, mit dem wir es übernahmen? ... Sollten wir also im Leben nicht auch die alten schlechten Gewohnheiten ablegen, die voller Leidenschaft und fern von Gott sind? Und sollten wir nicht, selbst auf die Gefahr hin, unsere Väter zu kränken, unseren Weg auf die Wahrheit hinlenken und auf ihn schauen, der unser wahrer Vater ist, die alten Bräuche aber aufgeben wie tödliches Gift? Es gibt keinen Zweifel, daß unsere vornehmste Aufgabe einfach darin besteht, euch zu beweisen, daß diese Verachtung der Gottesfurcht dem Wahnsinn, dieser dreimal vermaledeiten *Gewohnheit* entsprungen ist ... Laßt uns die Unwissenheit und Finsternis abschütteln, die sich wie ein Nebel über unsere Augen breitet, und laßt uns den wahren Gott anschauen, zuerst aber die Stimme preisend zu ihm erheben: ›Heil Dir, o Licht!‹ Über uns, die wir in der Finsternis und im ›Schatten des Todes‹ begraben lagen, ›ergoß sich ein Licht‹ vom Himmel, reiner als die Sonne und süßer als das Leben auf Erden. Dieses Licht ist das ewige Leben, und alle Dinge, die seiner teilhaftig werden, leben. Die Nacht aber weicht dem Licht, legt sich aus Furcht und macht Platz für den Tag des Herrn ... Er war es, der aus dem Untergang einen Aufgang gemacht und den Tod am Kreuz in Leben verwandelt hat. Er entriß den Menschen den Klauen des Untergangs. Er erhob ihn in den Himmel, verpflanzte die Verderbtheit in den Boden der Unverderbtheit und ließ die Erde zum Himmel werden.«

Das war wahrhaftig ein neuer Ton, eine Fanfare der Auflehnung gegen die Tradition.

Clemens hatte Nachfolger, die nicht weniger wortgewaltig waren. Einer der berühmtesten war ein Karthager namens Tertullian, der im Jahre 160 in der früheren punischen Hauptstadt geboren war. Hier ein Auszug aus seinem berühmten *Apologeticum,* worin er den Vorwurf mangelnder Loyalität seitens der Christen zurückweist:

»Im Namen der Kaiser rufen wir den ewigen Gott an, den wahren Gott, den lebendigen Gott, dessen Wohlwollen die Kaiser höher achten als das aller anderen Götter. Sie wissen, wer ihnen ihr Reich gegeben hat, sie wissen als Menschen, wer ihnen das Leben gegeben hat; sie fühlen, daß er allein Gott ist, in dessen Gewalt sie sind, daß sie nach ihm an zweiter Stelle stehen und ihnen nach ihm der erste Rang gebührt, vor allen Göttern und über allen Göttern ... Den Blick gen Himmel gerichtet, erflehen wir Christen — mit ausgebreiteten Händen, denn wir sind unschuldig, mit entblößtem Haupt, denn wir erröten nicht, und ohne jemanden, der die Form der Worte bestimmt, denn unser Gebet kommt aus dem Herzen — ständig Gottes Gnade für die Kaiser. Wir flehen auf sie ein langes Leben herab, eine gute Herrschaft, ein sicheres Heim, tapfere Armeen, einen treuen Senat, ein rechtschaffenes Volk, eine ruhige Welt — und alles, wofür ein Mensch und ein Caesar beten kann.«

Bald nach Clemens von Alexandrien sollten noch andere wortgewandte und mitreißende Apologeten in Erscheinung treten; der größte von ihnen war Origenes, der als Kind christlicher Eltern um das Jahr 185 in Ägypten geboren wurde. Er überragte seine Zeitgenossen sowohl als Gelehrter wie auch als Propagandist. Er wurde auch am kaiserlichen Hof empfangen. Es hatte sogar den Anschein, als würde das Christentum bald als »erlaubte Religion« anerkannt werden. Aber

nichts ist so unlogisch wie die Geschichte. Man ließ die Christen nicht nur nicht in Frieden leben, sondern ihr Glaube sollte noch der schwersten Prüfung unterworfen werden, die er je zu bestehen hatte — er war Versuchen ausgesetzt, die darauf abzielten, ihn völlig zu vernichten.

VERFOLGUNG UND TRIUMPH

Die Kirche war jetzt eine höchst einflußreiche Gemeinschaft, eine kräftige, ernstzunehmende Stimme, die nicht mehr zu überhören war. Der Staat tat gut daran, sich zu fragen, ob es klüger sei, sie abzuschaffen oder sich mit ihr zu arrangieren. Schließlich versuchte er es mit beiden Lösungen. Im 3. Jahrhundert traten in Rom politische Unruhen und Verfallserscheinungen auf — die römischen Historiker sprachen vom Zeitalter des Eisens und des Rostes, das dem goldenen Zeitalter der Antoninen folge. Zu der Anarchie im Innern traten die Angriffe von außen durch das Einströmen barbarischer Völker. Rom reagierte auf diese unheilvollen Ereignisse genauso, wie Clemens es vorhergesehen hatte: man kehrte zu den alten Bräuchen und religiösen Vorstellungen, den alten Formeln, den alten Altären zurück. Es ging die Rede, daß die Christen am Unglück Roms schuld seien. So bra-

Oben links: Claudius, der von 41—54 n. Chr. Kaiser war, verdankte seine Thronerhebung hauptsächlich seinem jüdischen Freund Agrippa aus Judäa. Als er zum Gott erklärt wurde, kommentierte Seneca dieses Ereignis in einer bissigen Satire. Vatikanische Sammlungen, Rom.

Oben rechts: Nero, der letzte Kaiser aus dem julisch-claudischen Hause, regierte von 54—68 n. Chr.; unter seiner Herrschaft fand die erste Christenverfolgung statt (64 n. Chr.).

Gegenüber: Marcus Aurelius, der Philosoph auf dem Kaiserthron (161—180 n. Chr.), bringt hier gemäß römischem Brauch mit verhülltem Haupt ein Opfer dar. Das Bauwerk im Hintergrund vermittelt einen Eindruck von der Pracht römischer Tempel. Museo Capitolino, Rom.

C·IVLIO·CHRYSAN

Gegenüber: Eine christliche Katakombe. Katakomben waren Begräbnisstätten. Die Leichen wurden meist in den Nischen belassen, bis die Körper sich zersetzt hatten; dann wurden die Gebeine zu einem zentralen Aufbewahrungsort gebracht, um Platz für Neuzugänge zu schaffen. Die Katakomben waren keine »Orte für geheime Zusammenkünfte« und konnten es auch nicht sein. Die ersten Christen kamen in Häusern zusammen, die später oft in Kirchen umgewandelt wurden. In Rom sind noch einige Beispiele für diese Haus-Kirchen erhalten.

Oben: Dieses Mosaik aus dem 3. Jahrhundert n. Chr. aus Casale (Piazza Armerina) in Sizilien ist ein ausgezeichnetes Beispiel für die Vorliebe der Römer für die erzählende Kunst. Es stellt eine soeben zurückkehrende Jagdgesellschaft dar, die Diana, der Schutzherrin der Jagd, ein Opfer darbringt.

Rechts: Vespasian, der zusammen mit seinem Sohn Titus Judäa unterwarf. Er regierte von 69—79 n. Chr. »Ich glaube, ich werde ein Gott«, sagte er sarkastisch, als er den Tod herannahen fühlte.

Gegenüber: Der Hausherr mit seinen Genien auf einem pompejanischen Fresko. Ein Genius war in der römischen Mythologie ein Geist, der nicht nur in menschlichen Wesen, sondern auch an bestimmten Orten, wie Quellen und Höhlen, aber auch in Gemeinschaften und Städten wohnen konnte. Die Genien wurden gleichzeitig mit dem Wesen oder Ding geboren, das sie beherbergte, und es war ihre Aufgabe, es zu beschützen. Selbst Götter besaßen solche Genien, denen man auch Opfer darbringen konnte.

Rechts: Sabina, die Gemahlin des römischen Kaisers Hadrian (117—138 n. Chr.), wird von einer geflügelten, fackeltragenden Gestalt in die Ewigkeit geleitet. Museo Capitolino, Rom.

chen die letzten, organisierten Christenverfolgungen aus. Den Anfang machte Kaiser Decius (249—251), und bis zum Ende des Jahrhunderts, ja, noch bis ins folgende Jahrhundert hinein kam es immer wieder zu Ausschreitungen.

Aber in diesen Jahren des Verfalls vollzog sich eine religiöse Erneuerung, die durch eine Ironie des Schicksals den Weg für den Siegeszug des Christentums bereiten sollte. Der Monotheismus war zur Staatsreligion geworden. Nicht der Monotheismus der Juden und Christen, sondern eine Religion des Sonnengottes. *Sol invictus,* die Unbesiegte Sonne, entwickelte sich mehr und mehr zur beherrschenden Gottheit des römischen Pantheons. Augustus hatte die Sonne als Gottheit anerkannt. Er hatte zwei Obelisken aus Ägypten nach Rom bringen lassen und sie als »Gaben an die Sonne« (damals noch nicht die »Unbesiegte Sonne«) aufstellen lassen. Die beiden Obelisken mit ihren Inschriften stehen noch heute.

Mehrere Kaiser hatten nacheinander die Entwicklung des Kultes begünstigt und gefördert. Im Jahre 305 wurde Constantius einer der beiden *Augusti,* die sich seit den Reformen Diocletians zusammen mit den ihnen unterstellten *Caesares* in die Herrschaft über das Römische Reich teilten. Als Constantius im Jahre 306 in York starb, riefen die Truppen seinen Sohn Konstantin (Constantinus) zum Kaiser aus. Dieser allem Geistigen aufgeschlossene Mann war in der Tradition der Verehrung des *sol invictus* erzogen worden, wurde aber durch eine — wie er glaubte — göttliche Offenbarung zum Christentum bekehrt. Im Jahre 313 erhielt die christliche Religion durch das »Edikt von Mailand« Toleranz zugesichert; später wurde sie dann zur offiziellen Religion des Reiches erklärt.

Aber das Heidentum lebte fort. Die Pontifices traten noch immer zusammen, die Vestalinnen bewachten ihr ewiges Feuer, das Fest der Großen Mutter wurde noch immer gefeiert. Symbolisch für die Auseinandersetzungen zwischen Heidentum und Christentum war der Streit um den auf der Curia aufgestellten Altar der Victoria, den die heidnische Partei nicht preisgeben und die christliche um jeden Preis entfernt wissen wollte; erst am Ende des 4. Jahrhunderts wurde er auf Drängen des hl. Ambrosius hin endgültig beseitigt. Die führenden Rollen in der römischen Gesellschaft wurden allerdings noch immer von kultivierten Heiden übernommen oder von orthodoxen Traditionalisten, als die sie sich selbst betrachteten. Erst durch das Edikt des Kaisers Theodosius vom Jahre 381, das das Heidentum und alle heidnischen Kulte verbot, wurde das Christentum zur alleinigen Staatsreligion erhoben.

Literaturhinweis

Altheim, F.: *Griechische Götter im alten Rom.* Gießen 1930.
Römische Geschichte. Berlin 1948.
Aus Spätantike und Christentum. Tübingen 1951.
Römische Religionsgeschichte. 2 Bde. Berlin 1956².

Bayer, E.: *Neue Hochkulturen in Asien. Die ersten Hochreligionen. Die griechisch-römische Welt.* In: Saeculum, Weltgeschichte, Bd. 2. Hrsg. von Franke. Freiburg, Basel, Wien 1966.

Barrow, R. H.: *Die Römer* (Übers.). Stuttgart 1960.

Bengtson, H.: *Grundriß der römischen Geschichte.* München 1967-.

Birt, Th.: *Zur Kulturgeschichte Roms.* Gesammelte Skizzen. Leipzig 1911.

Bloch, L.: *Römische Altertumskunde.* Leipzig 1911.

Bömer, F.: *Ahnenkult und Ahnenglaube im alten Rom.* Leipzig und Berlin 1943.
Untersuchungen über die Religion der Sklaven in Griechenland und Rom. Wiesbaden 1957.

Boehm, F.: *Altgriechische und altrömische Religion.* Leipzig 1927.

Brelich, A.: *Die geheime Schutzgottheit von Rom.* (Übers.). Zürich 1949.

Bubbe, W.: *Aus der Glaubenswelt der Griechen und Römer.* Breslau 1926.

Bultmann, R.: *Das Urchristentum im Rahmen der antiken Religionen.* Zürich, Stuttgart 1954.

Carcopino, J.: *So lebten die Römer der Kaiserzeit.* (Übers.). Stuttgart 1959.

Carstenn, M.: *Götter und Helden der Griechen und Römer.* Berlin 1926.

Clemen, C.: *Die griechischen und lateinischen Nachrichten über die persische Religion.* Gießen 1920.

Commelin, P.: *Mythologie der Griechen und Römer.* Luzern 1948.

Cumont, F.: *Die orientalischen Religionen im römischen Heidentum.* (Übers.). Leipzig und Berlin 1910.
Die Mysterien des Mithra. Ein Beitrag zur Religionsgeschichte der römischen Kaiserzeit. (Übers.). Leipzig 1923.

Diephuis, H. H.: *Naturkräfte und ihre Vermehrung in der altrömischen Religion.* Assen 1941.

Dölger, F. J.: *Antike und Christentum.* Kultur- und religionsgeschichtliche Studien. Münster 1950.

Domaszewski, A. v.: *Abhandlungen zur römischen Religion.* Leipzig und Berlin 1909.

Dütschke, H.: *Der Olymp. Götterlehre der Griechen und Römer.* Berlin 1912.

Durant, W. J.: *Caesar und Christus. Kulturgeschichte Roms und des Christentums von den Anfängen bis zum Jahre 325 n. Chr.* In: Kulturgeschichte der Menschheit, Bd. 3. (Übers.). Bern 1959.

Eriksson, S.: *Wochentagsgötter, Mond und Tierkreis.* Laienastrologie in der römischen Kaiserzeit. (Übers.). Stockholm 1956.

Eymann, Fr.: *Das Christentum und die vorchristlichen Religionen.* Religionsgeschichtliche Betrachtungen. Bern 1955.

Fascher, E.: *Sokrates und Christus.* Beiträge zur Religionsgeschichte. Leipzig 1959.

Findeklee, Ch. W.: *Mythologie der Griechen und Römer, der Ägypter, Nordländer und Slaven.* Halle 1907.

Friedrich, W.-H.: *Europa und der Stier.* Angewandte Mythologie bei Horaz und Properz. Göttingen 1959.

Göll, H.: *Illustrierte Mythologie der Hellenen, Römer, Germanen, Iranier und Inder. Nebst einem Anhang über die Mythen und den Kult der Babylonier und Ägypter.* Leipzig 1909.

Goppelt, L.: *Christentum und Judentum im ersten und zweiten Jahrhundert.* Ein Aufriß der Urgeschichte der Kirche. Gütersloh 1954.

Grant, M.: *Mythen der Griechen und Römer.* (Übers.). Zürich 1964.
Die Welt der Antike. Kulturgeschichte Griechenlands und Roms. Hrsg. von M. Grant. München, Zürich 1964.

Greßmann, H.: *Die orientalischen Religionen im hellenistisch-römischen Zeitalter.* Eine Vortragsreihe. Berlin 1930.

Grimal, P.: *Römische Kulturgeschichte.* (Übers.). München, Zürich 1961.

Haacke, R. M.: *Rom und die Cäsaren.* Geschichte des Cäsaropapismus. Düsseldorf 1947.

Hederich, B.: *Gründliches mythologisches Lexikon.* Darmstadt 1967.

Hemme, A.: *Abriß der griechischen und römischen Mythologie unter besonderer Berücksichtigung der Kunst und Literatur.* Hannover 1902².

Heuss, A.: *Römische Geschichte.* Braunschweig 1960.

Huhle, E.: *Mythologie der Griechen und Römer.* Leipzig 1920.

Hunger, H.: *Lexikon der griechischen und römischen Mythologie.* Wien 1959.

Hus, A.: *Die Religionen Griechenlands und Roms.* (Übers.). Aschaffenburg 1964.

Jens, H.: *Mythologisches Lexikon.* Gestalten der griechischen, römischen und nordischen Mythologie. München 1958.

Kähler, H.: *Rom und sein Imperium.* Baden-Baden 1962.

Kahrstedt, U.: *Kulturgeschichte der römischen Kaiserzeit.* Bern 1958.

Kaschnitz v. Weinberg, G.: *Marcus Antonius, Domitian, Christus.* Halle 1938.

Kerényi, K.: *Die Religion der Griechen und Römer.* München 1963.

Kiechle, F.: *Römische Geschichte.* Stuttgart, Berlin, Köln, Mainz 1967-.

Kirchner, O.: *Grundrisse der Mythologie und Sagengeschichte der Griechen und Römer.* Gera 1872.

Klingner, F.: *Römische Geisteswelt.* Essays über Schrifttum und geistiges Leben im alten Rom. Wiesbaden 1952. München 1965⁵.

Koch, C.: *Religio.* Studien zu Kult und Glauben der Römer. Nürnberg 1960.

Kornemann, E.: *Römische Geschichte.* Zwei Bände. Stuttgart 1954³.

Kraus, Th.: *Das Römische Weltreich.* Berlin 1967.

Latte, K.: *Römische Religionsgeschichte.* München 1960.
Kleine Schriften zu Religion, Literatur und Sprache der Griechen und Römer. München 1968².

Lauffer, S.: *Römische Geschichte.* München 1968².

Lietzmann, H.: *Zeitrechnung der römischen Kaiserzeit, des Mittelalters und der Neuzeit für die Jahre 1—2000 n. Chr.* Berlin 1956³.
Kleine Schriften. Studien zur spätantiken Religionsgeschichte. Berlin 1958.

Meyer, E.: *Römischer Staat und Staatsgedanke.* Zürich 1948.

Mönnich, K. W.: *Wege der Christenheit.* Kirchengeschichte in Auswahl. (Übers.). Stuttgart 1960.

Mommsen, Th.: *Römische Geschichte.* Wien, Bad Bocklet, Zürich 1954.

Moritz, K. P.: *Götterlehre der Griechen und Römer.* Leipzig 1878.

Müller, W. u. Trathnigg, G.: *Religionen der Griechen, Römer und Germanen.* Wunsiedel, Wels, Zürich 1954.

Neustadt, E.: *Stoa und Epikur.* Bielefeld 1927.
Römische Religiosität. Leipzig 1928.

Otto, W. F.: *Die Manen oder von den Urformen des Totenglaubens.* Eine Untersuchung zur Mythologie der Griechen, Römer und Semiten und zum Volksglauben überhaupt. Berlin 1923.

Paoli, U. E.: *Das Leben im alten Rom.* Bern 1948.

Picard, G.: *Imperium Romanum.* München 1966.

Pfannmüller, G.: *Tod, Jenseits und Unsterblichkeit in der Religion und Philosophie der Griechen und Römer.* München, Basel 1953.

Pfister, F.: *Die Religion der Griechen und Römer mit einer Einführung in die vergleichende Religionswissenschaft.* Leipzig 1930.

Pohlenz, M.: *Stoa und Stoiker. Die Gründer. Panaitios. Poseidonios. Selbstzeugnisse und Berichte.* Zürich 1950.

Poulsen, F.: *Römische Kulturbilder.* (Übers.). Kopenhagen 1949.

Preller, L.: *Römische Mythologie.* Berlin 1881—83³.

Prümm, K.: *Religionsgeschichtliches Handbuch für den Raum der altchristlichen Umwelt.* Hellenistisch-römische Geistesströmungen und Kulte mit Beachtung des Eigenlebens der Provinzen. Rom 1954.

Radke, G.: *Die Götter Altitaliens.* Münster 1965.

Reitzenstein, R.: *Antike und Christentum.* Vier religionsgeschichtliche Aufsätze. Darmstadt 1963.

Reubel, G.: *Der Werdegang des christlichen Abendlandes.* Begegnungen zwischen Antike und Christentum. Nürnberg, Bamberg, Passau 1947.

Roscher, H. W.: *Studien zur vergleichenden Mythologie der Griechen und Römer.* 2 Bde. Leipzig 1873—75.
Ausführliches Lexikon der griechischen und römischen Mythologie. Leipzig 1881/1937.

Rostagno, G.: *In Rom mit dem Apostel Paulus.* (Übers.). Konstanz 1953.

Rüssel, H. W.: *Antike Welt und Christentum.* Amsterdam, Antwerpen 1944.

Schalk, G.: *Römische Götter- und Heldensagen.* Wien, Heidelberg 1954.

Scheffer, Th. v.: *Römische Götter- und Heldensagen.* Stuttgart 1938.

Schefold, K.: *Römische Kunst als religiöses Phänomen.* Reinbek b. Hamburg 1964.

Scholler, H. u. Voigt, M.: *Die römischen Staats-, Kriegs- und Privataltertümer.* In: Handbuch der klass. Altertumswissenschaft. Hrsg. von Iwan von Müller. 4, Abt. 2. München 1893².

Schwenn, F.: *Die Menschenopfer bei den Griechen und Römern.* Gießen 1915.

Seel, O.: *Weltdichtung Roms.* Zwischen Hellas und Gegenwart. Berlin 1965.

Seemann, O.: *Mythologie der Griechen und Römer.* Leipzig 1910.

Siecke, E.: *Götterattribute und sogenannte Symbole. Nebst Abhandlungen.* Bd. 2:

Über die Naturgrundlage der römischen (altitalischen) Religion. Jena 1909.
Steuding, H.: *Griechische und römische Mythologie.* Leipzig 1905.
Stoll, H. W.: *Die Götter des klassischen Altertums.* Leipzig 1907[8].
Vogt, J.: *Römischer Glaube und römisches Weltreich.* Padua 1943.
Wide, S. u. Nilsson, M. P.: *Griechische und römische Mythologie.* Leipzig 1922.
Wissowa, G.: *Gesammelte Abhandlungen zur Römischen Religions- und Stadtgeschichte.* München 1904.
Religion und Kultus der Römer. In: Handbuch der klassischen Altertums-Wissenschaft, Bd. 5, Abt. 4. München 1912[2].
Zeller, E.: *Religion und Philosophie bei den Römern.* Berlin 1866.
Cambridge Ancient History. Hrsg. von J. B. Bury, S. A. Cook, F. E. Adcock (M. P. Charlesworth, N. H. Baynes). Cambridge 1923-.
Die Religionen der Erde. Ihr Wesen und ihre Geschichte. Begründet von C. Clemen. 2 Bde. München 1966.

Bildnachweis

Alinari, Florenz: 16 rechts, 19 rechts, 52 links, 52 rechts, 54 unten links, 60 rechts, 61 unten, 84—85, 112 oben rechts, 112 Mitte rechts, 112 unten rechts. Anderson, Florenz: 14 unten links, 25, 41 rechts, 95, 116 oben, 141. Archiv für Kunst und Geschichte, Berlin: 96—97. J. E. Bulloz, Paris: 48. British Museum, London: 36. C. M. Dixon, Dover: 6—7, 107, 111. Fotoceca Unione, Rom: 15 oben, 28, 32—33, 33 oben, 33 Mitte, 33 unten, 43 oben, 43 unten, 54 unten rechts, 70—71, 99, 124, 140. Photographie Giraudon, Paris: 18, 29 rechts, 40 links, 40 rechts, 40—41, 79. Sonia Halliday Photographs, Weston Turville: 67 oben, 139 oben. Hamlyn Group Picture Library: 14 unten rechts, 34, 50, 57 rechts, 82—83, 105 unten links, 105 unten rechts, 106, 114 oben. M. Holford, Loughton: 10 oben, 10 unten, 31. Librairie Hachette, Paris: 120. Mansell Collection, London: 9, 13 links, 13 rechts, 14 oben links, 14 oben rechts, 16 links, 17, 19 links, 20, 21, 26—27, 29 links, 37, 39, 41 links, 41 Mitte, 44 oben, 44 unten, 45 oben, 45 Mitte, 45 unten, 46 oben, 53, 56, 57 links, 60 links, 60 Mitte, 60—61, 61 oben, 64 oben, 64 links unten, 64 unten rechts, 65, 68, 69 links, 70, 71, 77, 81, 93, 101, 108—109, 112 links, 114 unten, 117, 121, 125, 126—127, 129, 132 links, 132 rechts, 133 rechts, 135, 136 rechts, 137. Mansell - Alinari: 16—17, 92, 109, 113, 116 unten. Mansell - Anderson: 68—69, 138, 139 unten. Editrice Bemporad Marzocco, Florenz: 119. Musée du Bardo, Algerien: 80. Vatikanische Sammlungen: 136 links. Museum of London: 91. Photoresources, Dover: 15 unten, 42 oben, 42 unten, 67 unten, 87, 90, 94, 102, 118, 131, 134. Pictorial Press, London: 133 links. Paul Popper, London: 69 rechts. Roger-Viollet, Paris: 89 links, 89 rechts, 104 unten. Scala, Antella: 11, 22, 23, 38, 50—51, 54 oben, 55, 58—59, 62, 66, 82, 115. R. V. Schoder, Chicago, Illinois: 63, 75, 122—123, 123. Soprintendenza alle Antichità di Roma (Scavi di Ostia), Rom: 46 unten. M. Stapleton, London: 47. Michele Vellente, Loreto Aprutino: 26. Warburg Institute, London: 105 oben. Ziolo - André Held: 2, 83, 86, 130.

Register

Acron 15
Adonis 98
Aemilius 44
Aemilius Paullus 76
Aeneas 13, 17, 51, 52, 53, 84, 114, 118, 120, 124, 125
Aeneis 124ff.
Aesculapius 53, 57, 84
Aglaia 86
Agrippa 95, 103, 112, 118, 122, 128, 136
Ahriman 109
Ahura-Mazda 109
Albius Tibullus 110
Alexander 73, 88, 89, 103, 132
Alexander der Große 6, 103
Alexandria 36, 89
Alkibiades 103
Ambarvalia 26, 30, 120
Ambrosius 141
Ammianus 56
Ammon 133
Amphitrite 79
Anahita 96
Anaxagoras 72
Anchises 84, 120, 125
Annona Augusti 33
Anthropomorphismus 48, 49
Antinous 96
Antonius 110, 125, 134
Antonius Pius 33, 89, 95
Anubis 93, 95, 96
Aphrodite 17, 49, 53, 60, 67
Apollo 4, 14, 49, 50, 51, 56, 122
Apollon 12, 49, 53, 56
Ara Pacis 32, 112, 113, 114, 116, 118
Ares 17, 39, 49
Argei 44
Aristides 134
Aristoteles 73, 74
Armilustrium 39
Artaxerxes 103
Artemis 49, 60
Arvalbrüder 44
Ascanius 120
Asinius Pollio 124
Asklepios 12, 53, 57
Astarte 96, 98
Atargatis 96, 98
Athene 17, 49
Attalus I. 62
Atticus 82
Attis 70, 90, 99, 103
Auguren 30, 43, 48, 49, 51, 54, 84
Augustinus 21, 46, 48
Augustus 6, 33, 35, 47, 48, 49, 95, 98, 110, 112, 113, 114, 116, 118, 119, 120, 122, 124, 125, 126, 133, 135, 141
Aulus Gellius 32
Aurelian 98
Aventin 36, 52

Baal 98
Bacchus 65, 69, 70, 84, 114
Berenike 103
Bona Dea 84
Brauron 60
Bryaxis 90
Buch Daniel 101

Cacus 13
Caesar 30, 35, 36, 96, 100, 110, 112, 128, 129, 132, 133
Caligula 96, 128
Camillus 113
Campus Martius 39
Carmenta 46
Carmina 28
Castor 47, 84
Cato 24, 26, 113
Catull 110
Cerealia 41
Ceres 41, 49, 52
Chaldäer 100
Christen 86, 93, 98, 109
Christentum 17, 71, 97, 105, 109, 110, 124, 128, 129, 130, 132, 133, 134, 135, 141
Christus 129
Cicero 73, 76, 78, 81, 82, 84, 86, 101
Circe 28
Claudius 103, 128, 133, 135, 136
Claudius Pulcher 49
Clemens von Alexandrien 134, 135
Clio 119
Cloacina 21, 23
Concordia 21
Constantius 141
Consualia 44
Cupido 60, 74
Cybele 60, 62, 84, 88, 108

Dante 80, 124
Darius 103
Dea Roma 112
Decius 96, 141
Decius Mundus 95
Dei Consentes 49
Delos 12
Delphi 12, 50, 62
Demeter 41, 49, 52, 92, 93
Demetrios 92
Demokrit 72, 73
Diana 17, 36, 49, 60, 139
Dido 28, 124, 125
Diocletian 141
Diokletian 103
Dionysos 41, 62, 65, 67, 69, 84, 92, 107
Dioskuren 47, 53
Dis 35
Discordia 21
Divus Julius 132
Domitian 43, 96, 130, 133
Dusares 98

Eileithyia 122
Eingeweideschau 49, 51
Eleusinische Mysterien 41, 84
Endymion 17
Epiktet 77
Epikur 72, 73, 74, 119, 134
Epikureer 72, 73, 74, 80, 119, 124
Equirria 37, 39
Eros 60
Esquilin 17
Etrusker 8, 9, 12, 35, 47, 48, 49
Euander 125
Euphrosyne 86
Eurydike 86
Eusebius 130

Falacer 46
Fates 122
Faustulus 118
Febris 23, 35
Februalia 35
Februus 35
Felicitas 33
Feretrius 15
Feriae Latinae 27
Fetialen 17
Fides Publica 43
Flamen Dialis 30, 32, 86
Flaminica 34
Flaminius 49
Flora 41, 46
Floralia 41
Fordicidia 41
Fortuna 132, 133
Fortuna Primigenia 133
Fortuna Virilis 48, 54
Forum Boarium 56
Forum Romanum 47
Furrina 46

Gallier 17, 21, 56
Gellius 34
Glaucus 4, 40
Grazien 86
Große Mutter 60, 62, 70, 88, 92, 107, 108, 141

Hadad 98
Hadrian 95, 96, 131, 132, 134, 141
Hannibal 49, 53, 62, 70, 81
Harpokrates 93
Haruspices 49
Heliogabal 98
Helios 95
Hephaistos 13, 14, 49
Hera 17, 49, 92
Herakles 12, 47, 50
Heraklit 74, 80
Hercules 13, 47, 53, 84, 86, 98
Hermes 49, 53, 54, 67
Herodes 129

Herodot 89, 92, 93
Hestia 56
Homer 9, 51, 72, 100, 124
Hontus 27
Horatius 74, 76
Horaz 28, 110, 118, 119, 120, 122, 133
Horos 90

Iakchos 52
Iamblichus 96
Iden 36, 39
Ignatius von Antiochien 132
Iguvier 27
Iguvinische Tafeln 27
Io 92
Isis 88, 89, 90, 92, 93, 95, 96, 97, 108, 129
Isola Tiberina 57

Jahve 24, 103
Jahve Sabaoth 103
Janiculus 81
Janus 18, 19, 26, 35, 45
Jesaja 74
Jesus 88, 134
Johanna 129
Josephus 103
Joseph von Arimathia 129
Judentum 100
Judaismus 100, 101, 109, 110
Julia 112
Julianischer Kalender 36
Junius 49
Juno 13, 15, 17, 19, 35, 43, 48, 49, 111, 114, 118, 122
Juno Lucina 14
Juno Moneta 17, 21
Jupiter 13, 14, 15, 17, 19, 26, 27, 30, 32, 34, 39, 43, 45, 48, 49, 52, 111, 122, 133
Jupiter Elicius 15
Jupiter Feretrius 17
Jupiter Grabovius 27
Jupiter Lapis 17
Jupiter Sabazios 128
Jupiter Stator 15
Jupiter von Doliche 98
Justin 134
Justinian 108
Juturna 47, 124
Juvenal 88, 90

Kalenden 36
Kapitol 13, 48, 52, 122
Karthago 24
Kleopatra 89, 95, 110, 124, 125
Konstantin 98, 124, 141
Krates 74
Kronos 40
Kybele 90
Kyros 103

Laren 30, 84
Latiner 12, 24, 30
Lavinia 125
Lectisternium 53, 60, 62
Lemuren 84
Lemuria 84
Liber 52, 84
Libera 52, 62
Liber Pater 62
Licinius Lucullus 33
Ligurer 8
Livius 49, 56, 86
Lucius
Lucius Caesar 112
Lucius Cornelius Atimetus 39
Lucretius 48, 72, 74, 76, 110
Ludi megalenses 62
Ludi romani 14
Ludi saeculares 120
Ludi scenici 56
Lupercalia 30, 35, 118
Lustration 24, 26, 27, 39, 41

Maecenas 118, 119
Magna Graecia 8, 51, 65, 70, 80, 89, 93
Manes 84
Manetho 92
Manius 26
Marc Aurel 10
Marcellus 49, 125
Mark Aurel 77, 134, 136
Mars 13, 17, 18, 26, 35, 37, 39, 45, 49, 118
Martius 17
Melkart von Sidon 98
Melpomene 119
Men 107
Mercurius 49, 54
Merkur 54, 67
Milton 124
Minerva 13, 15, 17, 19, 43, 47, 48, 49, 111
Minerva Medica 17
Mithras 70, 88, 98, 100, 101, 103, 104, 105, 107, 108, 109, 110, 129
Mithridates Eupator 103, 105
Mohammed 74
Mohammedaner 93, 98
Monte Cavo 15
Moses 100
Mutter Erde 116, 122

Neptunus 49
Nereiden 123
Nero 103, 128, 130, 133, 136
Nonen 36
Numa 17, 35, 36, 41, 43
Numen 18, 21, 23, 24, 30, 48

Octavia 110
Octavian 110, 118
Odysseus 28
Opalia 44
Opiconsiva 44
Origenes 135
Orpheus 86
Osiris 89, 90, 92, 93, 97
Osiris-Apis 90
Ovid 9, 35, 41, 49, 70, 110

Palatin 7, 8, 12, 30, 33, 44, 62, 122, 126
Pales 41, 46
Palilia 41
Pan 10, 82
Panaitios 76, 81
Parentalia 84
Parilia 41
Parthenias 124
Paulus 6, 72, 77, 95, 101, 103, 128
Paullus 82
Pausanias 8
Penaten 30
Perikles 72
Persephone 52, 70
Perser 103
Perseus von Makedonien 76
Persien 103
Petrus 103, 109
Plato 72, 73, 74, 81
Plinius 56, 130, 131, 132
Plutarch 44, 56, 73, 92, 96, 105
Pluto 35, 70
Pollux 47, 84
Polybios 76, 81
Polydeukes 47
Polygnot 74
Polykarp 132
Pomerium 43, 53
Pomona 41, 46
Pompeius 105
Pontifex maximus 30, 36
Pontius Pilatus 132
Pope 76
Pope, Alexander 74
Poppaea 103
Portumnus 48
Portunus 18, 46
Poseidon 49, 53, 71
Poseidonios 81
Praxiteles 53
Priapos 36, 80
Prodigien 56
Properz 110, 124
Proserpina 70
Psyche 74
Ptolemäer 89, 93, 100
Ptolemäus I. 89
Publius 129
Publius Cornelius Scipio Aemilianus 76
Publius Ovidius Naso 110
Publius Vergilius Maro 110
Pyrrhus 17
Pythagoras 80, 81

Quartana 23
Quindecemviri 120
Quintus Horatius Flaccus 110
Quirinal 17, 18, 36
Quirinus 13, 15, 17, 18, 36, 45, 84

Rea Silvia 17
Regifugium 39
Remus 10, 17, 49, 118
Rex Sacrorum 45
Robigus 23, 44
Roma (Göttin) 116
Romulus 10, 12, 15, 17, 18, 49, 118
Rosalia 84

Sabazios 103
Sabina 141
Sabiner 12, 15, 17, 18, 19
Sadduzäer 101
Salier 37, 39
Samniten 49
San Zopito 26
Saturn 44
Saturnalia 44, 45
Saturnalia 40
Saturnus 40
Satyr 82
Scipio 62, 76, 81, 82
Scipio Africanus Minor 81
Seneca 74, 77, 128, 133, 136
Serapis 90, 92, 93, 95, 96, 129
Sergius Paulus 129
Servius Tullius 30
Seth 90
Sextus Propertius 110
Sibylle 54, 56, 62
Sibylle von Cumae 51, 52, 60, 125
Sibyllinische Bücher 52, 53, 60, 62, 70, 41, 49
Silen 69
Silenus 62
Silvanus 36
Siron 119
Sistrum 93, 97
Skopas 90
Sokrates 74, 103
Spinensis 23
Stercutius 23, 26
Stoa 74
Stoiker 72, 73, 74, 76, 80, 81
Stoizismus 74, 76, 77, 96, 128
Strabo 105
Sueton 128
Sulla 86, 95
Summanus 32
Suovetaurilia 26, 27, 116
Supplicatio 53, 62
Syrien 98

Tacitus 132
Tanaquil 30
Tarpeia 14, 19
Tarquinius 30, 52
Tarquinius Priscus 23
Taurobolium 108
Tellus 41, 116
Terminus 18, 21
Terramare-Kultur 8
Tertiana 23
Tertullian 135
Thalia 86
Themistokles 103
Theodosius 141
Theophilus 97
Thyrsosstab 65, 107
Tiber (Flußgott) 41, 123
Tiberius 95, 96, 112, 132, 133
Timotheos 92
Titus 30, 33, 103, 139
Trajan 10, 26, 129, 130, 131, 132
Triton 23
Troja 51, 62, 120, 125
Tullia 82
Turnus 120, 124, 125
Tyche 132

Ulpian 130
Uni 35

Valerius Maximus 128
Varro 48, 84
Venus 13, 17, 21, 49, 53, 56, 67, 125
Vergil 9, 28, 30, 52, 74, 110, 118, 119, 120, 122, 124, 125, 126, 128, 133
Vertumnus 41
Vespasian 133, 135, 139
Vesta 24, 28, 30, 35, 39, 44, 45, 48, 49, 84, 120
Vestalinnen 24, 28, 30, 39, 44, 84, 141
Victoria 53, 62, 141
Villanova-Kultur 8, 48
Vinalia 44
Violaria 84
Volcanalia 14, 44
Volcanus 46, 49
Volturnus 46
Vulcanus 12
Vulkan 12, 13, 14, 35, 125

Xenophon 74, 103

Zenon 74, 76, 103, 134
Zeus 15, 17, 49, 92, 96
Zoroaster 101